JN438407

제 33 회
전국한밭시조백일장
수상작품집
대전시조시인협회

제33회 전국한밭시조백일장

유준호 회장

박헌오 대전문인협회 수석 부회장

대전시청 문용훈 과장

권갑하 심사위원장

사회자 이건영

한밭시조문학상 수상자와 함께
(유준호 회장, 김성숙, 박봉주)

제33회 전국한밭시조백일장

접수장과 백일장 진행위원들

백일장 접수

백일장 전경

제33회 전국한밭시조백일장

백일장 참가자들

시제 발표

참가자 작문 모습

일반부 작문 모습

제33회 전국한밭시조백일장

심사장면

심사장면

시조 꿈나무들

제33회 전국한밭시조백일장

백일장 장원 류용곤

백일장 지도교사상 이경일

제33회 전국한밭시조백일장 수상자와 함께

찾아가는 시조교실

글꽃초 시조교실(김성숙)

글꽃초 시조교실(유준호)

기성중 시조교실(김영수)

기성중 시조교실(박헌오)

동아마이스터고 시조교실(최현주)

배울초 시조교실(김성숙)

배울초 시조교실(조성국)

배울초 시조교실(홍비표)

찾아가는 시조교실

법동초 시조교실(신미경)

상대초 시조교실(김성숙)

서대전고 시조교실(박헌오)

탄방중 시조교실(유준호)

탄방중 시조교실(이건영)

탄방중 시조교실(조성숙)

한밭초 시조교실(유준호)

허공을 울린 소리

제33회
전국한밭시조백일장
수상작품집

대전시조시인협회

유준호
대전시조시인협회 회장

시조 중흥을 꿈꾸며

〈전국한밭시조백일장〉이 올해로 33회를 맞이했다. 그 간 회원 여러분의 각별한 관심과 참여 속에 면면히 발전하고 성장하여 오늘에 이르렀다. 그런데 이 행사가 차츰 어려워지는 것 같아 마음이 언짢다. 초창기에는 일반부 장원에 장관상과 함께 500만원의 상금, 차상에 300만원 상금이 주어지고 초, 중, 고 학생들도 적극적인 호응을 보여 북적이며 행사를 치렀는데, 요즘은 회원인 시조시인들이 발 벗고 나서 각 급 학교에서 시조교실을 열어 무료 봉사를 열심히 다녔건만 신청하여 실시한 몇몇 학교는 시간만 때웠을 뿐 한명도 참여 안하는 진풍경이 연출되었으니 한심한 일이다. 그것은 여러 가지 요인이 있겠지만 우선 진단해 보기로는 시조라는 민족 전통의 고유문학이 1900년대에 밀려온 서구문화 문물 선호 사상에 편승하여 이에 경도된 사고가 증폭되어 우리 고유의 것을 구시대의 유물로 치부하는 경향이 기승을 부리고 자기 것을 소홀히 하는 정체성 상실의 유산이 아닌가 한다. 그 결과 우리 문학의 전통적 적장자인 시조가 서구에서 데려온 입양자인 현대시에 밀려 초, 중, 고 교과서에서 시는 살아 생기를 발하고, 시조는 텃밭에서 밀려나 그 자취를 감추는 기현상이 발생하고 보니 가르치는 선생님이나 배우는 학생 모두 그 존재가 뇌리에서 멀어지게 된 것이라 진단된다. 거기다 생각을 제약 없이 자유롭게 표현하는 시에 비하여 틀과 율격의 제약이 따르다 보니 이를 어렵게 생각하는 경향도 있는 것 같다. 사실은 우리의 언어구조와 가장 자연스럽게 어울리는 것이 시조인데 시조의 이런 장점을 많은 이들이 눈치 채지 못하고 있음은 서글픈 일이다.

올해는 이런 엉뚱한 생각을 지워주려고 지역 내의 초, 중, 고 학교에 시조 보급을 위한 각급 학교에 공문을 발송하였으나 수령을 한 학교는 드물고 그냥 쓰레기통에 잠들었다는 전언을 들었다. 공문 줄이기 운동이 일어나 각 학교에서 이를 접수하지 않는다고 한다. 과거와 다른 시대적 경향을 뼈저리게 느끼게 하는 일이다. 그래서 시교육청을 방문하여 어렵사리 담당자를 찾아 전자문서로 보내달라고 부탁하여 교육청 게시판에 올리니 몇몇 학교에서 반응이 겨우 올 정도였다.

옛날엔 시조문단에 등단하는 이가 대부분 20~30대였는데 요즘은 신인으로 등장하는 이들도 대부분 60~70대가 되기 일쑤이고 젊은이는 가뭄에 콩 나듯 하고 있다. 요즘 삶이 각박해지고 젊은이들은 취직이 안 되니 젊은이들은 목구멍이 포도청인데 한가하게 문학타령만 할 처지가 못 되어 외면을 받고 있는 실정이라고 본다. 거기다 문학 정책마저 경시되는 실정이고 보니 참으로 한심하다는 생각이 든다. 이를 극복하는 길은 내가 생각하기는 딱 한 가지이다. 우리 민족의 정체성 회복과 국위선양을 위해서라도 범국가적으로 정책 입안자들이 각성하여 시조부흥 운동을 일으켜 일본의 하이쿠처럼 우리 것을 세계화시키기 위해 시급히 학생들이 배우는 교과서에 학년 구분, 구별 없이 시조를 다수 등재하고 교사들에게도 자격 및 일반 연수에서 시조 강의 시간을

필수 코스로 하여 그 지도 자원을 확보함은 물론 입시나 자격시험에도 이를 출제하는 과감한 정책이 있어야 하겠다. 이를 위해 시조단체들도 한 목소리로 뭉쳐 이를 달성하는데 매진해야 하겠다. 명예에 연연하는 지도자는 존경을 받지 못한다. 명예가 아닌 실천하는 중앙의 시조문단 풍토가 고양되었으면 한다. 전국적인 세미나를 정부 정책 입안자들을 모아 함께 하여 시조에 대한 그들의 의식을 고양시켜야 하겠다. 이를 위해 우리 지금이라도 전국의 크고 작은 시조단체들이 연합체를 구성하여 이를 실천했으면 한다. 이렇게 하지 않으면 얼마 가지 않아 시조가 이 땅에서 사라질지도 모른다는 위기감이 자꾸만 드는 것은 나 혼자만의 생각일까. 시조 제자리 찾기가 우리 문학 제자리 찾기이다. 우리가 해마다 전국 백일장을 개최하여 33년을 이어온 이유도 여기에 있으며 이 책을 내는 이유도 여기에 있다.

올해 백일장은 참여자는 예년에 비해 좀 적었으나 이들의 생산해낸 작품의 질은 그런대로 무난했으며 몇몇 작품은 미래를 기대하게 할 만큼 훌륭했다. 평이(平易)함 속에 참됨이 있음을 보기 위하여 올해 전국한밭시조백일장 시제는 초, 중, 고 학생에겐 일상에 많이 접하는 단풍, 유리창, 강을 제시하고 일반 · 대학부는 태풍이란 시제를 제시하여 시적 상상력을 발휘하게 하였다. 이번 백일장에 적극적인 후원을 아끼지 않으신 대전광역시 시장님, 문화예술과 관계자 여러분과 시조 홍보에 협조해 주신 대전광역시 교육감님, 담당 장학사님께도 고마운 말씀을 올린다. 아울러 회원 여러분의 헌신적 참여와 도움으로 원만히 행사를 마치게 되었음에 감사한다. 내년에는 우리 회원들의 상호 신뢰 속에 더욱 합심하여 기필코 더욱 발전되고 알찬 행사를 치르게 되는 모습을 상상하며 발간사로 갈음한다.

축사

허 태 정
대전광역시장

안녕하십니까? 대전광역시장 허태정입니다.

시조는 우리 민족이 만든 독특한 정형시의 하나로 문학인 동시에 음악입니다. 간결하고 아름다운 표현을 통해 소소한 삶의 일상을 멋스럽게 승화시키기도 합니다.

시조가 오늘날까지 명맥을 이어온 것은 우리 민족의 호흡을 잘 표현할 수 있는 국민문학이기 때문입니다. 늘 새로운 눈으로 삶과 정서를 그려내는 시조시인들의 작품은 우리에게 감동을 주기 충분합니다.

33년째 명맥을 이어오고 있는 '전국한밭시조백일장'은 전통문화 유산인 시조 문학을 계승하고, 보급과 확산에 크게 기여했음이 분명합니다. 그간의 노력에 깊은 감사를 드립니다.

이번 전국한밭시조백일장 대회를 계기로 자라나는 학생들이 시조에 더 많은 관심을 갖게 되고, 시조가 계속해서 국민적 사랑을 받을 수 있기를 기원합니다. 대전시도 정책적 지원과 육성에 노력을 아끼지 않겠습니다.

백일장을 훌륭히 치르시고, 작품집의 출간에 애써주신 유준호 회장님과 관계자 여러분께 감사드리며, 더 큰 발전과 건승을 기원합니다.

고맙습니다.

2018년 11월

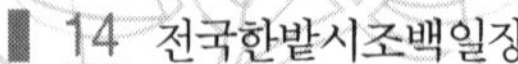

설동호
대전광역시 교육감

우리나라 전통 문학인 시조의 아름다운 결실인 「제33회 전국한밭시조백일장 수상집」 발간을 축하드립니다. 우리 민족의 대표적 국민문학인 시조의 가치를 높이고 확산을 위해 노력하시며 시조백일장수상집을 발간하신 대전시조시인협회 유준호 회장님과 회원 여러분께 감사드립니다.

시조는 우리 민족의 미적 감수성과 사고 양식, 음악적 요소가 함께 어울려 형성된 아름다운 우리 고유의 문학으로 현대에 이르기까지 면면히 계승되어 향유하고 있는 자랑스러운 전통문학입니다. 귀중한 문화유산인 시조문학은 아름다움과 가치를 지키며 현 사회를 살아가는 현대인들의 이해와 공감을 불러일으키고 있습니다.

대전시조시인협회에서 매년 개최하는 전국한밭시조백일장은 전통적인 시조문학을 계승, 발전시킬 주옥같은 작품들을 발굴하며 시조문학의 대중화에 기여하고 있습니다. 우리 역사와 함께 해 온 시조는 전통과 현대의 조화를 통하여 세대 간 공감과 감동을 이끌어내고 세계 곳곳에 우리 문화의 우수성을 알리는 원동력이 될 것입니다.

영예로운 수상을 하신 수상자 여러분께 축하드리며, 주옥같은 수상 작품집이 시조 창작과 시조문학 발전을 위해 널리 활용되기를 바랍니다.

감사합니다.

손 혁 건
(사)대전문인협회 회장

뭉클한 감성의 골 깊은 가을을 붙잡고

도심 빌딩 숲 사이로 은행나무 가로수가 올해는 유독 샛노란 단풍으로 설레는 가을을 만들어 주었습니다.

감성도 더욱 깊어 글쓰기에 더없이 행복한 가을이 아니었나 싶었는데 불과 며칠 사이에 잎이 다 져버린 가로수 길을 걸으며 한해를 돌아보는 사색과 함께 허탈한 마음을 달래보고 있었습니다.

할 수만 있다면 이 뭉클한 감성의 골 깊은 가을을 붙잡고 더디 가라 말 하고 싶었습니다.

第33회 전국한밭시조백일장에서 보여주신 여러분들의 수준 높은 작품들이 바로 가을 같은 감성과 감동이 아니겠나 싶어 반가운 마음으로 여러분들의 참여와 수상을 환영하고 축하드리는 바입니다.

문학이 표현 못할 것은 없지요.

글로 계절을 붙잡아둘 수 있다면 미천하나마 이럴 땐 문학하는 사람이 되길 잘했다 하는 생각이 들곤 합니다. 역사적으로 고려 말에 시작된 시조가 그랬지요. 우리민족의 내면적 정서를 잘 표현해왔다고 볼 수 있겠습니다.

시조문학의 미래를 꾸려나갈 여러 분들 또한 어떤 표현으로 세상을 밝고 건강하게 만들어 갈수 있을지에 대한 고민을 끊임없이 이어나가는 노력이 필요할 것입니다.

요즘은 시조문학이 재조명되어 전국적으로 많은 백일장이나 시조문학 강연 등이 열리고 있습니다만 우리지역의 전국한밭시조백일장은 올해로 제33회를 맞이하는 역사와 권위를 자랑하는 대회로 입지를 굳힌 지 오래된 훌륭한 백일장입니다.

다시 한 번 제33회 전국한밭시조백일장을 축하드리며 수상자 여러분들도 영예로운 수상을 축하드립니다. 꾸준히 갈고닦아 대한민국 최고의 시조문학가로 발전해 가실 것을 기대하겠습니다.

시조 짓기 교실

대학·일반부

중등부

고등부

시조 짓기 교실

2018년 6월부터 10월까지 대전시조시인협회원이 시내 초, 중, 고등학교(글꽃초, 법동초, 신평초, 배울초, 상대초, 느리울초, 한밭초, 기성중, 도안중, 탄방중, 대전여중, 서대전고, 지족고, 동아마이스터고, 계룡디지택고, 충남기계공고 등)를 방문하여 강의한 내용을 종합하여 재편집한 교재로 일선에서 시조에 관심을 가진 이를 위해 제공하는 것임

⁂ 초등학교 시조 짓기 교실

대전시조시인협회 편집부

1. 시조란 무엇인가

시조는 우리민족의 마음속에 일어나는 여러 가지 감정과 삶의 슬기가 함께 어우러진 값진 문화유산으로서 우리 조상들이 이루어 놓은 잘 가꾸어진 정형시이다.

시조는 신라시대 향가에서 연유하여 고려 말에 시형이 만들어지고 조선조에 꽃을 피워 오늘날까지 이어 내려온 대표 문학이다. 우리 조상들이 즐겨 부른 노래로는 향가, 고려가요, 경기체가, 가사 등 많은 종류가 있었으나 오직 시조만이 지금까지 이어져 내려오는 까닭은 시조의 형식이나 그 형식에 담긴 내용이 가장 한국적인 가락이기 때문이다. 그러므로 초등생은 동심을 그에 알맞은 언어로 시조의 형식에 담아 표현하면 된다.

2. 시조의 기본 형식

	첫째 구		둘째 구	
초장	3(4)	4(3)	3(4)	4(3)
중장	3(4)	4(3)	3(4)	4(3)
종장	3	5(6)	4(3)	3(4)
	첫째 마디	둘째 마디	셋째 마디	넷째 마디
	꼭 지킴	**꼭 지킴**		

( )안 숫자는 허용되는 소리마디 수임

· **종장 첫째 마디 3자**는 무슨 일이 있어도 지켜야 한다.

· **종장 둘째 마디는 반드시 5자 또는 6자**(부득히 한 경우 7자까지 허용)로 한다.

· 초장, 중장, 종장 3장 6구 12소리마디 형식을 따라 지어야 한다. 엇시조와 사설시조는 형식의 파격으로 본다.

(1수 1장에 4소리마디씩 3장×4소리마디=12소리마디)

(1 소리마디는 3∼4 글자)

· 시조 한수는 45자 내외(43~47자)이다.

· 연시조는 단시조의 형식을 맞춰서 쓴 시조가 2수 이상인 시조이다.

※ 시조는 처음부터 끝까지 쓴 하나의 시조를 **'한 편'**이라 한다.

단시조 한 편, 연시조 한 편, 모두 한 편이다.

초장, 중장, 종장으로 된 하나의 시조를 **'한 수'**라 한다.

그러므로 단시조는 한편=한수, 연시조는 한편=한수+한수+…이다.

<예시>

단심가 /정몽주

<초장> 이 몸이 죽고 죽어/ 일백 번 고쳐 죽어//
3 4 3 4
<중장> 백골이 진토 되어 /넋이라도 있고 없고//
3 4 3 4
<종장> 임 향한 일편단심이야/ 가실 줄이 있으랴. //
3 6 4 3

책 /오승희

<초장> 답답한 가방 속에 책 형제 모두 모여
3 4 3 4
<중장> 한 마디 투정 없이 얌전히 잠만 자네
3 4 3 4
<종장> 언제쯤 지식 주머니 풀어 놓고 잠깨나
3 5 4 3

봉선화 /김상옥

<초장> 비 오자 장독대에 봉선화 반만 벌어

<중장> 해매다 피는 꽃을 나만 두고 볼 것인가
<종장> 세세한 사연을 적어 누님께로 보내자.

<초장> 누님이 편지 보며 하마 울까 웃으실까
<중장> 눈앞에 삼삼이는 고향집 그리시고
<종장> 손톱에 꽃물들이던 그날 생각 하시리

<초장> 양지에 마주앉아 실로 찬찬 매어 주던
<중장> 하얀 손 가락가락이 연붉은 그 손톱은
<종장> 지금은 꿈속에 본 듯 힘줄만이 서누나.

● 행(줄) 바꾸기 : 작자가 의도적으로 줄을 바꿔 써도 된다.

다만 줄을 바꿀 때도 '구'나 '장'은 구분되어야 한다.

혼자 앉아서 /최남선

가만히 오는 비가 ----- <구 구분>
낙수져서 소리하니
-----------------<장 구분>
오마지 않는 이가 ----<구 구분>
일도 없이 기다려져
------------------<장 구분>
열릴 듯 닫힌 문으로 ---<구 구분>
눈이 자주 가더라.

---다음--≪ 연시조인 때는 두 줄 띄우기 ≫

4. 짓기의 실제 과정

① 생각 품기 - 아름다운 생각 품기.

*시는 사랑의 노래라는 말이 있다. 따뜻한 눈으로 세상을 보고 시조를 쓴다.

② 마음 담기-그리운 마음을 담는다.

*무엇을 그리워하는 마음, 지난 일을 되돌아보는 마음을 순수하게 담는다.

③ 우리말 골라 쓰기-아름답고 쉬운 우리말을 골라 쓰기

*가능하면 쉽고 듣기 좋은 우리말을 찾아 쓰도록 해야 한다.

④ 바른 표현-이치에 맞게 바르게 표현

*시조를 쓸 때 사실에 맞는 표현을 바르게 써야 한다.

⑤ 짜임새 - 구와 장을 마무리 한다.

* 글자 수만 맞춘다고 시조가 되는 것이 아니다. 호응이 잘 되는지 살펴서 마무리해야 한다.

⑥ 감동잡기- 감동을 잡아서 써라

*무엇을 깊이 느끼어 마음이 움직이는 힘이 없으면 글은 생명력이 없다.

⑦ 특징 잡기-글감 대상 특징을 잘 잡아야 한다.

*대상(소재, 제재)의 특징이 무엇인지 생각해 보면 문득 떠오르는 생각이 있다. 그 떠오른 생각을 쓰면 된다.

4) 쓴 시조 살펴보기 요령

(1) 글이 자연스럽고, 말하고자 하는 것이 분명히 들어났나 살핀다.

(2) 군더더기가 붙어 있는지 살핀다.

(3) 겹친 말이 없는지 살핀다. (강조하는 말일 경우는 허용)

(4) 한자어 외래어는 될 수 있으면 우리말로 바꾼다.

(5) 제목과 내용이 동떨어지지 않았는지 살핀다.

(6) 흥미롭고 산뜻한 말들인지 살핀다.

(7) 적당한 비교하여 표현하였는지 살핀다.

(8) 시조의 틀에 맞는지, 행갈이는 잘 되었는지 살핀다.

(9) 몇 번을 생각한 다음 고칠 부분을 고쳐서 발표한다.

5) 하지 말아야 할 시조 쓰기

(1) 종장의 첫 소절이 3자, 둘째소절 5~7자에 어긋난 것

(2) 의미가 전체, 장, 구, 소리마디로 이어짐이 어색한 것

(3) 쓴 시조 글이 다 붙여놓고 보니 한 문장처럼 보이는 것

(4) 흉내내기(2소절 이상), 옛시조 풍(어즈버, 하노라--)이 있는 것

(5) 장 구분, 구 구분이 지나치거나 필요 없이 행갈이를 한

것

(6) 시조를 질서 있게 표현하지 못해 독자가 이해하기 어렵게 한 것

(7) 고치는 과정에서 내용이 엉뚱하게 고쳐진 것

5. 초등생에 알맞은 시조 모음

올챙이/허 일

저요. 저요./ 나요. 나요./ 오글오글/ 바글바글

새까만 배불뚝이/ 꼬리를 떼 달라고

어머나!/ 저 뒷다리 좀 봐/ 앞다리도 쏙 내미네.

봄비/조연제

띄밭에 봄비가/ 보슬 보슬 뛰논다.//
샛노란 띠 싹은/ 흙덩이 헤치고//
작은 손 목 넘겨들어/ 나도 나도 달라하네.

조약돌/박경용

동그란 누나 곁의/ 동그란 동생 얼굴
그 옛날 바닷가의/ 동그랗던 우리 웃음
조약돌 굴릴 때마다/ 누나 곁의 작은 나

분이네 살구나무/정완영

동네서 젤 작은 집 분이네 오막살이
동네서 젤 큰 나무 분이네 살구나무
밤사이 활짝 펴 올라 대궐보다 덩그렇다

⁂ 초등생 작품 감상하기

오월 (윤 ㅇ ㅈ)

엄마의 손길처럼 아기의 숨결 같이
살며시 한발 두발 다가온 푸른 오월
싱그런 꽃봉오리들 모두 터져 반기네.

수학 시간 (박 ㅁㅈ)

땡땡땡 수학 시간 시작 되면 하품 나와
선생님 가르치신 숫자들은 어디 갔나
지루한 수학 시간은 잠 부르는 수면제

일기장 –최혜지(대전 매봉초 6)

엄마는 몰래몰래/ 내 일기를 쳐다본다.//
내가 엄마 몰래/ 게임하는 것처럼//
엄마는 스파이 같이/ 활동하고 있었다.//

오늘은 재빠르게/ 일기를 쓰고 난 뒤//
엄마를 속인다./ 일기장을 보면서//

이제는 부끄러운 일/하지는 말아야지//
<2014 전국한밭시조백일장 초등부 장원>

한글 –임은영(대전보운초등학교 6학년)

천사백 사십육 년 나라말 만들어서
우리말 없는 설움 깨끗이 씻으셨네.
영원히 찬란하여라. 길이길이 빛나라.

세계 속 아름다운 우리의 훈민정음
먼 나라 사람들도 열심히 익히는데
우리는 은어 속어로 훼손하니 슬퍼라.
<2015년 전국한밭시조백일장 초등부 장원>

태극기 –성인희(대전매봉초등학교 5학년)

밝음과 어두움이/ 중심을 만들고//
물과 불 하늘땅이/ 태극기를 완성한다.//
오래 전 음양을 깨달은/ 아름다운 대한민국

빨강이 파랑과/ 조화를 이루듯이//
하양과 검정도/ 조화를 이룬다.//
오래전 대한민국은/ 태극기로 시작됐다.
<2016년 전국한밭시조백일장 초등부 장원>

일기장의 변신 –백은재(대전흥룡초4학년)

거울처럼 비춰주는/ 일기장은 악마다//

내가 잘못해도/ 모두모두 비추니까//
좌르륵! 일기 검사 때/ 내 얼굴은 화끈화끈.

거울처럼 비춰주는/ 일기장은 천사다.//
내가 잘한 것들/ 아낌없이 비추니까//
착착착! 이번 건사 때/ 내 얼굴은 뿌듯뿌듯.
<2017 전국한밭시조백일장 초등부 장원>

⁂ 중 · 고등학교 시조 짓기 교실

대전시조시인협회 편집부

◈ 시조(時調)는 어떤 문학 작품인가.

시조는 고려 때 싹이 터 조선조를 거쳐 오늘까지 맥을 이어 내려온 우리민족의 마음 속 느낌(정서)과 슬기가 배어 녹아 있는 3장6구12소리마디로 표현되는 우리 전통 문학작품으로 시 가운데 자수 가락을 가진 정형시이며, 민족 시가이다.

시조는 근대화 과정을 거치면서 창(唱)과 분리되어 문학으로서의 시조와 음악장르로서의 시조로 분리되어 음악으로서의 시조는 시조창(時調唱)이라 하고 문학으로서의 시조는 그냥 시조라 한다.

◈ 시조의 기본 틀과 예

(한 수는 3장6구12소리마디 45자 내외(1~2자 넘나듦 허용)–평시조

	첫째 구		둘째 구	
초장	3(4)	4(3)	3(4)	4(3)
중장	3(4)	4(3)	3(4)	4(3)
종장	3	5(6)	4(3)	3(4)

	첫째 마디	둘째 마디	셋째 마디	넷째 마디
	꼭 지킴	**꼭 지킴**		

초장= 오백년 도읍지를 필마로 돌아드니
3 4 3 4
중장= 산천은 의구하되 인걸은 간데없다.
3 4 3 4
종장= 어즈버 태평연월이 꿈이런가 하노라
3 5 4 3
<고려말 야은(冶隱) 길재(吉再)의 회고가(懷古歌)>

이 몸이 죽고 죽어 일백 번 고쳐죽어
3 4 3 4
백골이 진토 되어 넋이야 있고 없고
3 4 3 4
임 향한 일편단심이야 변할 줄이 있으랴
3 6 4 3
<고려 말 포은(圃隱) 정몽주(鄭夢周)의 단심가(丹心歌)>

묏버들 갈해 꺾어 보내노라 님의 손대
자시는 창밖에 심거두고 보소서
밤비예 새잎 곧 나거든 날인가도 여기소서.
<조선조 기녀 홍랑(洪娘)이 경성에서 서울로 최경창을 보내며 쓴 이별의 노래>

이화우 흩뿌릴 제 울며 잡고 이별한 님
추풍 낙엽에 저도 날 생각는가
천리예 외로운 꿈만 오락가락 하노라.
<기녀 계랑(桂娘)이 서울로 떠난 유희경을 그리며 쓴 이별의 노래>

투박한 나의 얼굴/ 두툼한 나의 입술
알알이 붉은 뜻을/ 내 어이 이르리까.
보소라 임아 보소라/ 빠개 젖힌/ 이 가슴.
<조운, 석류(石榴) 전편> –의인적 수법

성불사 깊은 밤에 그윽한 풍경소리
주승은 잠이 들고 객이 홀로 듣는구나.
저 손아 마자 잠들어 혼자 울게 하여라.

뎅그렁 울릴 제면 더 울릴까 망설이고
들릴 젠 또 들리라 소리 나기 기다려져
새도록 풍경소리 데리고 잠 못 이뤄 하노라.
<이은상, 성불사>

◈ 시조 짓기의 첫 걸음마는 마디 가락 익히기

우리 시조의 마디 가락은 서구 시가가 속 가락인데 비하여 글자 수에 의하여 정해지는 겉 가락이다. 이것은 우리 선조들이 수백 년 사용해 보고 우리 호흡에 알맞다고 느껴 우리가락으로 정착시킨 것이다.

◈ **시조 짓기 유의점**(백수(白水) 정완영 시인의 말)

❶기쁨, 노함, 사랑, 즐거움, 슬픔, 미움, 욕심 그 어딘가에 뿌리가 닿는 작품을 써야 한다.

❷느껴지는 느낌을 만들고 그 느낌을 다른 사물과 빗댄 비유적 수법으로 표현해야 한다. 꽃을 보고 단순한 꽃이라 한다든지, 소나무를 소나무 자체로 설명을 하는데 그친다면 그것은 이미 문학이 아니다. 그를 통한 느낌, 감흥을 표현해야 한다.

❸우리 시조는 음보율(4음보)과 음수율(3, 4조)이 조화를 이룸을 알아야 한다.

◈ **시조에서의 표현 기교**

☆ 시조 작품에서 효과적으로 의미 전달을 위하여 다음과 같은 비유법이 표현기교로 사용되고 강조법, 변화법도 있다.

(1) **직유법** : '명유(明喩)'라고 하는데, 원관념을 보조 관념에 직접적으로 연결시킨 수사법이다. '마치', '흡사', '~같이', '~처럼', '~양', '~듯' 등의 연결어를 사용하는 기교이다.

(2) **은유법** : '암유(暗喩)'라고도 하는데, 원관념과 보조 관념을 직접적으로 연결시키지 않고 간접적으로 연결시키는 방법이다. 공통적 특성이 들어 있는 전혀 다른 두 가지의 내용을 같은 성질로써 연결시키는 방법으로서, "A(원관념)는 B(보조 관념)다."의 형태로서 표현한다.

(3) **의인법** : 사람이 아닌 것을 사람처럼 표현하여 사람의 의지, 감정, 생각 등을 지니도록 하는 방법이다. 이는 대상을

인격화하여 존엄성 있게 나타내는 데에 그 의의가 있다.

(4) **활유법** : 무생물을 생물처럼 나타내는 방법이다. 생물적 특성을 부여하여 나타내면 '활유법'이고, 인격적 속성을 부여하여 나타내면 '의인법'이다.(의인법을 활유법에 포함시키기도 한다.)

(5) **의성법** : 사물의 소리를 흉내 내어 청각적 이미지를 살리는 방법이다.

(6) **의태법** : 실감나게 표현하기 위하여 사물의 형태나 동작을 시늉하여 나타낸 기교로서 시각적인 효과를 나타내기 위해 사용하는 방법이다.

(7) **풍유법** : 본 뜻은 뒤에 숨기고 비유하는 말만 드러내어 그 숨은 뜻을 넌지시 나타내는 표현 방법. 다른 이야기나 속담, 격언, 문장 등으로써 암시하여 나타내는 방법으로서, 이를 '우의법(寓意法)' 또는 '우유법(寓喩法)'이라고도 한다.

(8) **대유법** : 직접 그 사물의 명칭을 쓰지 않고, 그 일부분으로써 혹은 그 실물의 특징으로써 전체를 나타내는 방법으로서 이에는 '제유법'과 '환유법'이 있다. '제유법'은 같은 종류의 사물 중에서 어느 한 부분으로써 전체를 알 수 있게 표현하는 방법이고, '환유법'은 표현하고자 하는 대상과 관련된 사물이나 속성으로써 전체를 나타내는 방법이다.

(9) **중의법** : 하나의 말을 가지고서 두 가지 이상의 의미를 나타내는 방법이다. 두 가지 의미란, 단어가 지니고 있는 파생적인 의미나 유사성이 아니라, 전혀 다른 개념과 뜻을 재치 있게 함께 지니고 있는 것을 말한다.

(10) **상징법** : 은유법과 비슷하지만 원관념이 직접 나타나지 않는다는 점에서 다르다. 원관념이 나타나 있지 않아도 그

표현만으로써 원관념을 짐작할 수 있다면 그것은 은유법이다. 상징은 원관념은 겉으로 나타나지 않아 암시에만 그치고 보조관념만이 글에 나타난다.

(11) **우화법** : 동식물이나 무생물의 세계를 그려내어 인간사회를 풍자함으로써 어떤 교훈적인 내용을 암시하는 표현 방법 (예) 토끼전, 장끼전, 이솝우화

(12) 이밖에도 아이러니(반어법), 풍자(패러디)와 역설(패러독스) 등의 기법이 있고, 강조법(强調法)으로 과장, 영탄, 반복 미화, 점층, 점강, 열거, 억양, 연쇄법, 변화법(變化法)으로 설의, 도치, 대구, 대조, 반어, 돈호법 등이 더 있다.

◈ **확산 사고**

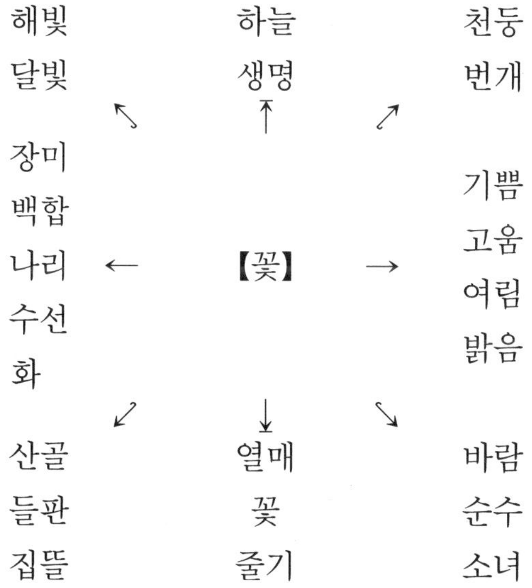

해빛 달빛		하늘 생명		천둥 번개
	↖	↑	↗	
장미 백합 나리 수선 화	←	【꽃】	→	기쁨 고움 여림 밝음
	↙	↓	↘	
산골 들판 집뜰		열매 꽃 줄기		바람 순수 소녀

◉ 확산적 사고 작품 예와 비교

모락모락 구름 속에 풀무소리 요란하다.
대장장이 망치소리 벌겋게 단 시우쇠
찬물에 담금질 끝나자 하늘 고운 무지개
-오세영, 뇌우(雷雨)-

그대 (향한)그리움이/ 고요히 젖는 이 밤//
한결 외로움도/ 보배인 양 오붓하고//
실실이 푸는 그 사연/ 장지 밖에 듣는다.
-이영도, '비' -

밤새 비가 내린다./ 어둠이 씻겨간다.//
속내 파란 바람이/ 이파리에 매달린다.//
엊저녁 그 맑은 번개가/ 꽃망울이 될 줄이야.
-유준호 '비' -

※ 한 편의 시조 모습

완성된 시조의 모습은 한 폭의 미술 작품 같이 머릿속에 그림 영상이 그려져야 한다. 다른 말로 하면 이미지에 의한 영상화가 이루어져야 한다. 이미지가 없어 영상이 떠오르지 않는 시조는 문학성을 잃은 그냥 줄글이 된다.

<중학생 작품들>

한옥과 얼

정하영(신일여중2)

푸르른 하늘 향해 솟아오른 솟을 대문
청산과 어우러진 우아한 팔자 지붕
나뭇결 살아 숨 쉬는 시원한 대청마루

반만년 역사 아래 전해져 온 우리 한옥
위대한 조상들의 살아 있는 얼과 혼이
옛스런 한옥과 함께 우리 곁에 남는다네.
<전국한밭시조백일장 2011년 중등부 장원>

이웃사촌

조가은(가수원중2)

따스한 햇살 보며 천천히 걷다 보면
어느새 칠 벗겨진 하얀색 대문 앞에
발걸음 발걸음마다 발도장을 찍고 있다.

가까이 다가가서 대문 앞 꼭 붙어서
큰 소리로 널 부르는 내 목소리 들었는지
나갈게, 네 목소리에 설레는 메아리.

애기하다 하늘 보면 조그만 별 반짝이고
우리 애기 들나보다 더 재밌게 애기하던(속닥대던)
담 하나 사이에 두고 애기하던 (정을 나눈)이웃사촌
<전국한밭시조백일장 2013년 중등부 장원>
( )안 단어는 단어 반복을 피하기 위해 고쳐본 것임.

짝사랑

유남혁(송촌중2)

봄 오길 기다리는 겨울의 새싹처럼
부두에 홀로 서서 울먹이는 아이처럼
짝사랑 그 일편단심도 기다림의 길이라.

새싹들을 감싸는 푸르른 땅이 있고
아이를 달래주는 파도소리 가득하니
짝사랑 그 세 글자엔 따뜻함이 보인다.
<전국한밭시조백일장 2014년 중등부 장원>

모국어

오승현(신일여중)

산골짜기 허허벌판 씨앗 하나 자리 잡아
추위와 고통을 힘겹게 견뎌내어
마침내 꽃으로 피어나 깊은 산속 빛이 되네.
<전국한밭시조백일장 2015년 중등부 장원>

통일

김현재(글꽃중)

새벽빛 천 조각들 하늘 위 굴러간다.
검붉은 먹물방울 바다에 잠겨가고
공허한 잿빛 가루들 그 바다를 덮는다.

두 길로 갈라서고 시리게 등 돌리던
하이얀 물고기 떼 그들의 재회 길엔
꼭 한번 네 손을 잡고 뱃노래를 부르리.
<전국한밭시조백일장 2016년 중등부 장원>

편지

한수민(우송중)

말로는 못 전한 맘 종이 속 고이 담아
설레는 나의 마음 그에게 전해야지
밤새워 정성을 담아 써내려간 나의 마음

정성 담아 쓴 진실을 봉투에 고이 담아
그에게 찾아가서 내 마음 건네주네.
손과 손 사이에 담겨 사랑이 전해지네.

아침에 그를 보니 웃음꽃이 활짝 폈네.
내 마음 그의 마음 두근두근 쿵쾅쿵쾅
서로를 바라보면서 나긋이 손을 잡네.
<전국한밭시조백일장 2017년 중등부 장원>

<고등학생들 작품>

마음의 향기

이유림(대전외고 1)

할머니께 언제나 풍겨나던 국화향기
우리 집 찬장엔 국화꽃잎 가득했다.
언제나 마애불 미소 같던 감미롭던 가을날

마음으로 국화차를 드신다는 할머니
쓰지만 그 마음엔 그윽했던 숨결로 와
가슴 속 한 페이지에 조용하게 피어났다.

국화향기 나는 사람 되라던 그 말씀이
은은한 손길로 와 내게 남은 시집 같이
가을날 따뜻한 향기 하늘로 피어올랐다.
<전국한밭시조백일장 2012 고등부 장원>

가을하늘

신예은(대덕고1)

창문에 눈부시게 가을이 스며든다.
푸른색 하얀색 물감을 섞은 듯한
선명한 하늘 빛깔이 여린 몸을 부른다.

이제 막 익어가는 곡식의 저 계절이

새로운 보금자리 맞이한 그름은
저 홀로 새하얀 얼굴 수줍은 듯 내민다.

첫 생리 터진 듯 붉은색 태양만이
입술을 헤벌리며 뜨거운 숨 내뱉는다.
아직도 지난여름의 흔적을 안고 있다.
<전국한밭시조백일장 2013 고등부 장원>

느티나무

신동녘(대덕고등학교 2)

가을볕 흠뻑 적신 벼이삭 늘어진 듯
힘없이 처져 있나 다시금 돌아보니
보내온 세월만큼을 젊어진 늠름함아

한가득 녹음 지어 관철을 머금었고
햇볕도 조롱새도 걸치어 쉬어가는
바람결 흩날려 가는 곳 이내몸 뉘어본다.

아이야 놀다 가라 바람아 쉬어 가라.
동구에 언제라도 에움길 곁에 있어
나들 때 뉘었다 가라 우직하니 서 있다.
<전국한밭시조백일장 2014년 고등부 장원>

모국어

오일성 (충남기계공고 1)

무지를 닦아내던 한 줄기 땀방울로
꽃향기 가득하듯 단비를 내려주네
더없이 행복했었던 백성들의 그 웃음

낯 설은 외래어로 몰아친 천둥번개
찢기고 깨져버린 우리의 고운 한글
내 맘은 상처투성이 모국어가 그립다

한글의 보금자리 이제는 찾아야지
낯설은 외래어를 쇠말뚝 뽑아내듯
눈부신 밝은 햇살로 우리글을 비추네.
<전국한밭시조백일장 2015년 고등부 장원>

조 국

안선영 (대전여자고등학교 2)

치맛단 움켜쥐고 멀리멀리 떠나 왔네.
괜찮단 그대 말에 미소라도 지어줄걸
따뜻한 그대 품으로 돌아갈 수 있을까

한 방울 눈물 모여 한 소절 암악 되고
고독한 안숨 모여 한 단의 비단 되니
돌아갈 그날이 오면 전해줄 것 참 많다.

눈 감고 남쪽 향해 숨을 크게 들이쉬면
마음 속 그려지는 그대 모습 어찌할까
서방님, 나는 아직도 잊지 못해 삽니다.
<전국한밭시조백일장 2016년 고등부 장원>

세월호에 보낸 선물

김진용 (충남기계공고 3)

슬픔의 바다는 오늘도 조용하다.
낮말을 듣는다던 바다 위의 새들은
부리를 꼭 다문 채로 저 멀리 날아갔다.

그들은 어째서 저 하늘의 별이 됐나.
세월의 파도 속에 휩쓸려간 슬픔은
눈물의 노란 등불을 하나둘 꺼뜨린다.

그들에게 줄 수 있는 유일한 선물은
등불을 다시 밝혀 어둠을 비추는 것
슬픔도 괴로운 바다도 잠잠해질 때까지
<전국한밭시조백일장 2017년 고등부 장원>

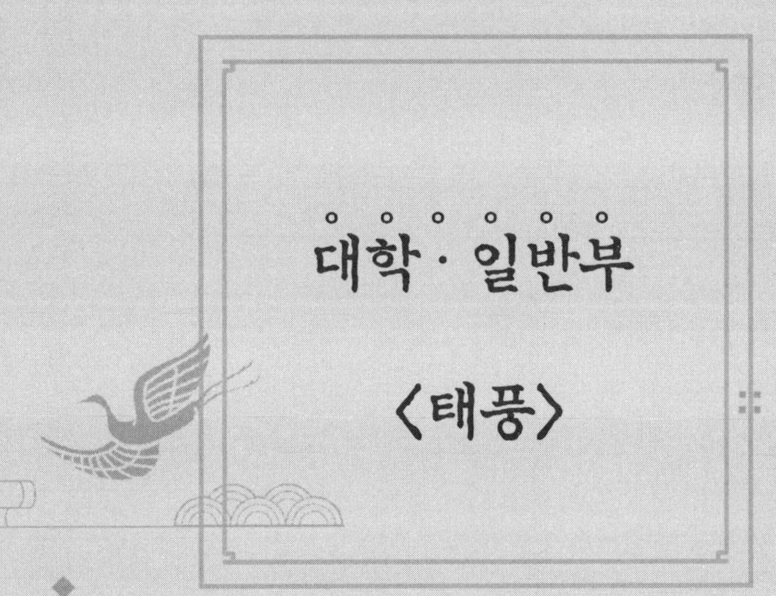

대학 · 일반부

〈태풍〉

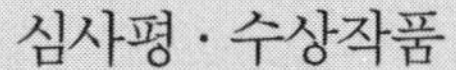

심사평 · 수상작품

대학 · 일반부 심사평

시 시조는 우리말, 우리글의 가락과 숨결이 살아 숨 쉬는 민족 시입니다. 우리 민족에게 잘 어울리는 옷이며 표정입니다. 우리 민족의 신명이 담겨진 정형율이기도 합니다. 뿐만 아니라 시조는 '시대의 노래'라는 의미가 말해주듯 그 시대 사람들의 정서를 우려내는 시 그릇입니다. 따라서 시조는 우리말이 지닌 특유의 가락을 잘 살리고 우리 시대의 정서를 맛나게 우려내야 독자의 공감과 감동을 얻을 수 있는 좋은 시조가 되는 것입니다.

이러한 점들을 고려하고 문학적 우수성을 감안하여 심사위원들을 류용곤님의 〈태풍-한반도를 깨우다〉를 대상으로 뽑는데 쉽게 의견이 모아졌습니다. 이 작품은 분단의 한반도에 불어오는 평화와 통일의 기운을 시적으로 우려낸 수작으로, 〈남과 북 그 길은 동면 한반도를 깨운다〉는 첫째 수 종장에서 한반도의 불어 닥친 '태풍'급 메시지를 잘 담아내고 있습니다. 〈장천을 휘감아오는 거대한 회오리바람〉은 기필코 한반도를 깨워 새로운 평화와 통일의 시대를 열것이라 기대됩니다. 시적 비유와 묘사가 적절하고 시조의 율격 구사도 자연스러우며 주제를 끌고가는 힘도 신뢰가 갑니다.

차상에 오른 임동주님의 〈태풍〉은 설대목과 태풍을 연결해 재미있게 풀어냈으며 이용호님의 〈태풍〉은 '미투' 바람을 끌어들여 감각적으로 형상화한 작품인데 이미지의 집중도가 아쉬웠습니다.

현장 백일장은 공모전과 달리 순발력을 요하는 특징을 갖는데 이번 한밭 백일장 입상작들은 짧은 시간에 창작된 작품임에도 작품 수준이 기대이상으로 높아 심사위원들도 기뻤습니다.

입상하신 분들께 축하를 드립니다.

심사위원 : 권갑하, 박헌오, 이도현

대상

태풍 – 한반도를 깨우다

류용곤
대전광역시 중구 중촌동

허공을 울린 소리 천둥 번개 가르는 밤
이별의 오랜 눈물 세월 속에 묻어두고
오작교 끊어진 다리
경계선을 마주한다

찌르레기 울고 가는 널문리 옛 주막터
막걸리 한 사발과 평양 냉면 나누던 날
칠흑의 어둠 속 뚫고
지상의 문을 열다

백록담 푸른 물을 천지 깊은 물에 풀면
장천을 휘감아 오는 거대한 회오리바람
남과 북 그 깊은 동면 한반도를 깨운다

차상

태풍

임주동
전북 익산시 선화로 10

설 대목 북새통에 귀가 아직 먹먹하다
허기도 한 짐 꾸린 파장 무렵 장꾼들
너울이 뱃길을 막아 오도가도 못하네

오늘도 그 날처럼 할배의 야윈 지갑
여인숙 외상장부 한 줄 더 적는 주인
가파도, 마라도 * 그만, 혼잣말 줄줄 샌다

오가며 쌓은 정이 몇 섬이나 되는지
등허리 반쯤 굽은 두 노인의 술잔에
한바탕 회오리바람 흔들리는 작은 섬

* '가파도, 마라도'는 '갚아도 말아도'의 변형

차상

태풍

이용호
전주시 완산구 팔달로 56-4

'Me-too'바람 불더니, 태풍이 몰아친다.
그녀 생각에 걷던 나는 우산도 없다.
가슴엔 회오리바람 일고
얼굴에는 열꽃 핀다

하늘에 변명한다, 명정(酩酊)에 실수였습니다.
그녀에게 변명한다, 당신 향기에 취해서!
벼락이 내리치는 순간,
오줌까지 지리고.

태풍아, 장대비를 세차게 내려다오.
하늘에서 내리는 회초리를 맞고 싶다.
검푸른 천둥소리에,
하염없는 눈물이….

지켜보던 들꽃들이 배기기 웃고 있다.
해님은 구름 속에서 폭소를 터뜨리고
태풍이 지나가고 나자,
먼 하늘엔 무지개

차하

태풍

김 영 자
대전광역시 대덕구 96번길

콩레이 태풍바람 장대비 몰고 올 때
동해안 남부지역 칼바람 그어댔지
어찌나 무서운 태풍 뛰어들던 광풍우

넋 놓은 우리 가장 폭우 속 고물 수거
고물상 잔손길이 날씨로 젖어가고
우리의 꿋꿋한 삶에 한숨 섞던 순간들

동해안 먼 곳으로 태풍은 밀려가고
비 멎자 바닷가로 나가 본 울가족은
설움이 기쁨에 닿아 포말처럼 엉겼다

차하

태풍 – 막내딸에게 바치는 노래

김재형
대전광역시 동구 홍룡로

고요한 노은골에 단풍이 늘어지고
집안은 화기애애 지성이 예리하여
풍족한 한의사 집안 예쁘장한 늦둥이

학업에 지친 딸이 수행평가 짓눌리니
부친의 엄한 교육 모두에 반항하여
단식과 등교거부로 나락으로 나왔다.

부모도 무릎 꿇고 분위기도 넋 나갔다.
조부모 내려와서 도우니 심신안정
일탈한 정서적 안정 되돌아서 나왔다.

자살충동 자포자기 의욕상실 이겨내고
교복을 착용하고 등교한 딸을 보니
올여름 열대야 악몽 이보다 더 할건가

차하

태풍의 눈

박찬영
대전광역시 서구 둔산로

가파른 산언저리 기다란 방 한칸엔
구멍난 비닐 천장 투둑투둑 물이 샜다
매일이 태풍이었다 마음에 불어닥친

세상 잡고 안간힘 휩쓸리던 아버지
밤중까지 세상 안고 동동대던 어머니
태풍은 십년을 불며 그 집에 머물렀다

너희들 보고 산다 희미하던 햇살은
두 팔 벌려 손끝까지 사남매를 둘러쌌다
태풍의 눈이었을까 당신들의 우리는

참방

태풍

이경일
대전광역시 동구 홍룡로

기나긴 기다림을 그대는 참지 못해
슬픔과 고독으로 나에게 다가오니
그대의 아픈 마음을 내 어찌 헤아릴꼬

그대의 성난 외침 나에게 상처 되고
그대의 울음소리 나에게 슬픔이니
이제는 고독의 송가를 멈춰주길 바라오

더 이상 슬퍼 말고 그대는 바람되어
내 마음 응어리를 깨끗이 씻겨주고
당신의 고운 소리를 찬가로서 들려주오

참방

잠자리 태풍

송치훈
계룡시 두마면 두계리

싫증난 몽당비질
졸고 있는 앞마당은

잠자리 날개 타고
큰 바람 지나는 길

머나 먼
섬과 섬사이
속살 하얀 나그네

참방

태풍

이영숙
대전광역시 대덕구 동춘당로

캄캄한 밤 태풍 헤치고 강으로 갔다
희붐한 강 건너 불빛 강위로 떠 있고
강물은 등허리를 잘린 채 시멘트에 갖혔다

격랑하는 태풍에 불빛이 드러눕고
사람이 폭풍 속으로 들어가 앉았다
태풍은 강물을 흔들고 사람은 사라졌다

참방

태풍

안선영
대전광역시 대덕구 송촌동

매서운 바람소리 가이없는 빗줄기는
누구의 한숨인고 누구의 눈물인가
얼마나 서러웁기에 그칠 줄을 모르나

바람아 그만둬라 박노인은 집을 잃고
빗물아 멈춰다오 일곱 남매 배 주린다
아무리 한 많다한들 그리 풀어 되겠느냐

천지가 개벽하듯 다시금 밝아올 때
비바람 너희들은 무엇도 모를테지
끝끝내 앗아가 버린 눈물 어린 희망을

참방

태풍의 밤바다

이선희
대전광역시 서구 복수동

천근같은 어둠이 만경창파 짓누르고
깊은 밤 질풍노도 누굴 향한 원성인가
옆에서 가슴 졸이는 등대
뜬눈으로 지새는 밤

밤새도록 비명소리 웅장한 바다놀
깊은 물속 투숙객들 선잠으로 시달리고
여명은 어둠을 밀어내고
성난 가슴 달래는 해님

무섭게 호령하던 간밤의 불청객
해님이 만져주는 따스한 그 손길에
서서히 노여움 푸는
바다의 천하무적

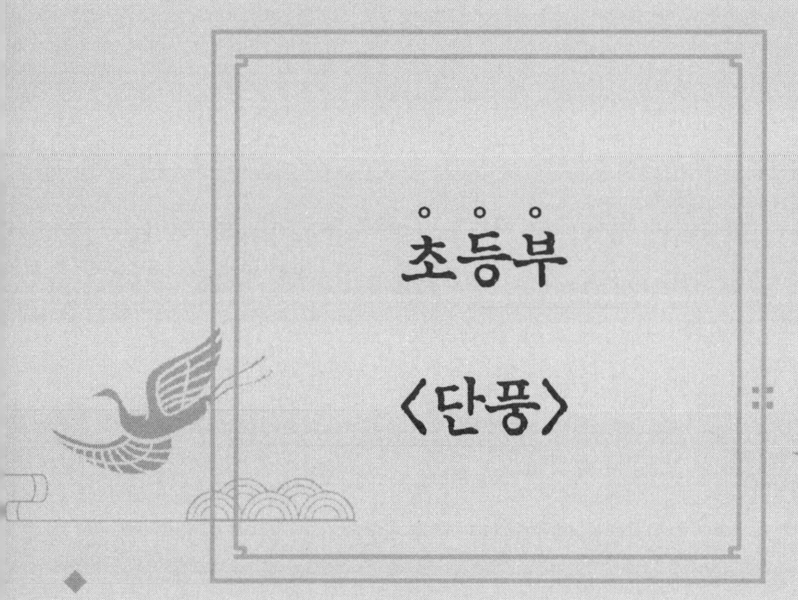

초등부

〈단풍〉

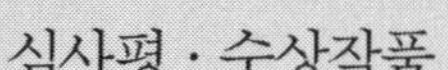

심사평 · 수상작품

초등부 심사평

초등부 어린이의 글이 맑고 곱고 아름다운 가을 풍경을 잘 그려냈다.

특히 겨레시이며 정형시인 시조를 이해하고 단시조와 연시조를 고르게 잘 썼다. 특히 '가을 아래 단풍'이라고 '단풍'이란 주제를 변형시킨 것은 평소 글쓰기 공부를 많이 한 어린이였다.

올해 참석한 어린이 모두는 시조의 형식에 맞춰 썼고 특히 종장의 3·5·4·3의 첫 마디 3을 꼭 지켜줘서 반가웠다.

장원작품 한밭초 장서현 작품은 하늘과 단풍잎을 보며 자기 마음을 심어주고 있는 표현과 새색깔 옷을 입었다는 표현과 하늘이 단풍잎을 물들인다는 표현을 잘 썼다. 금년도 참가한 어린이와 지도교사님께 감사드립니다.

심사위원 : 김영수, 이정남

장원

가을 아래 단풍

장서현
한밭초등학교 6학년

파아란 가을 앞의 빠알간 단풍나무
새색깔 옷을 입고 하늘을 느껴 보네
가을은 나의 마음에도 하늘을 심어주네

가을 틈 사이사이 수줍게 자리 잡고
빠알간 빛을 내는 단풍잎 때문인지
단풍이 나의 마음에도 하늘을 심어주네

특차상

단풍

김지윤
대전상대초등학교 6학년

핑크빛 코스모스 꽃이 핀 가을하늘
주황빛 단풍잎이 쓸쓸하게 내려앉아
어여쁜 가을 꽃길을 아름답게 만든다

차상

단풍잎

박 채 연
대전법동초등학교 4학년

단풍잎 떨어지네
아름답게 떨어지네

가을길 옷입히며
떨어지는 단풍잎은

내 맘속 파고들어서
내 마음속 물들이네

차상

단풍잎 – 가을비

노 율
한밭초등학교 4학년

시커먼 구름들이 햇빛을 밀어내고
시원한 가을비가 주르륵 내려오네
까치는 비가 싫은지 집으로 날아가네

어머나 단풍들이 땅에서 춤을 추네
다양한 색깔돌로 변신한 단풍잎은
땅에도 나무에서도 기분이 좋은가 봐

비 맞은 단풍들은 땅이든 나무 위든
빛나는 아름다운 잎들로 변신하고
나무는 단풍잎들을 땅으로 내려보내네

차상

단풍

김현준
한밭초등학교 3학년

가을은 서늘하고 추억은 소중하네
소중한 가을추억 내 마음에 녹아 있네
가을은 예쁜 추억이 새록새록 잠자네

추억은 아름답고 단풍잎 흔들리네
친구와 함께 했던 행복한 가을여행
추억의 그림 속에는 단풍잎이 들어 있네

차상

단풍잎

윤서현
대전법동초등학교 4학년

단풍잎이
살랑살랑
내 마음에
떨어지네

색색깔
단풍잎이
내 마음에
떨어지네

단풍잎
나의 마음을
색색깔로
물들이네

차상

단풍

이준우
한밭초등학교 5학년

바람이 출렁이는 누우런 들판에선
조용히 기억 속으로 참새들이 달아나고
우뚝 선 단풍나무들 새하얀 미소 짓네

시간은 흘러가고 낙엽은 떼굴떼굴
참새는 짹짹짹짹 겨울을 재촉하니
쓸쓸한 단풍나무들 먼 산만 바라보네

차하

단풍

이지은
대전신평초등학교 4학년

나무 밑 무도회장
단풍들이 춤을 추네

알록달록 치마 입고
흥에 겨워 몸 흔드네

하라락 바람 불어올 때
떨어졌던 잎들이네

가만히 숨어서
귀 기울여 보니까

가을맞이 잔치한다
즐거이 속닥거려

색색이 아름답게 물든 옷
나풀대며 뛰노네

곱디곱게 단장하고
사뿐사뿐 다가와서

내 발목 휘감으며
뱅글뱅글 껴안으니

꿈결에 하나의 단풍 되어
그 풍경에 녹아드네

차하

단풍

신재환
대전성호초등학교 4학년

알록달록 예쁜 단풍 가을이 되면 나타나네
밋밋한 나무들은 단풍에 물이 들어
신나는 가을바람에 몸을 맡겨 춤을 추네

차하

단풍

문정화
대전상대초등학교 6학년

빠알간 단풍아 아름다운 단풍아
문학관 앞에있는 덜익은 단풍아
단풍이 익어가듯이 우리도 익는중

차하

단풍

김주현
운산초등학교 3학년

밤이 돼도 낮이 돼도 가만히 지켜줘요
씨앗도 어찌될까 조심조심 살금살금
무슨 말 가슴에 품고 저리하고 있을까

엄마 마음 갖고 있겠지 언제나 지켜주고
언제나 함께 있는 우리 엄마 마음들을
단풍은 내 맘 알아주는 아주 작은 내 엄마

차하

단풍

이서은
한밭초등학교 5학년

단풍이 어우러진 가을의 추억들
꽃들이 기뻐하고 새들도 노래하는
우리의 살아 숨 쉬는 소중한 추억들

다시금 떠올리어 새롭게 되새기고
반드시 우리 추억 살피고 기억해서
오늘도 간직하리라 단풍의 추억들

차하

단풍

박시후
대전신평초등학교 4학년

산책하다 벤치에 앉아
단풍을 바라보네

단풍잎은 살포시
이 땅에 떨어지고

새들이 펄럭펄럭이니
나무들은 흔들흔들

잎을 마구 떨어뜨리네
단풍잎이 쌓이네

쌓인 단풍 아래로
벌레들 숨어드네

벤치에 앉아서 보는
가을 경치 장관이네.

단풍

선종헌
대전외삼초등학교 6학년

초록색 여름나무 가을이 찾아오자
나뭇잎 단풍 돼서 우스스 떨어진다
우르륵 사람도 동물도 몰려와서 걷는다

가을에 빨개지고 바람에 떨어진다
슈우욱 빨개지고 휘리릭 떨어진다
언젠간 빨갛게 익고 언젠가는 아래로

겨울이 찾아오면 모두들 집에 간다
외로운 단풍나무 쓸쓸이 서 있는다
내년에 가을이 오면 다시 걷는 사람들

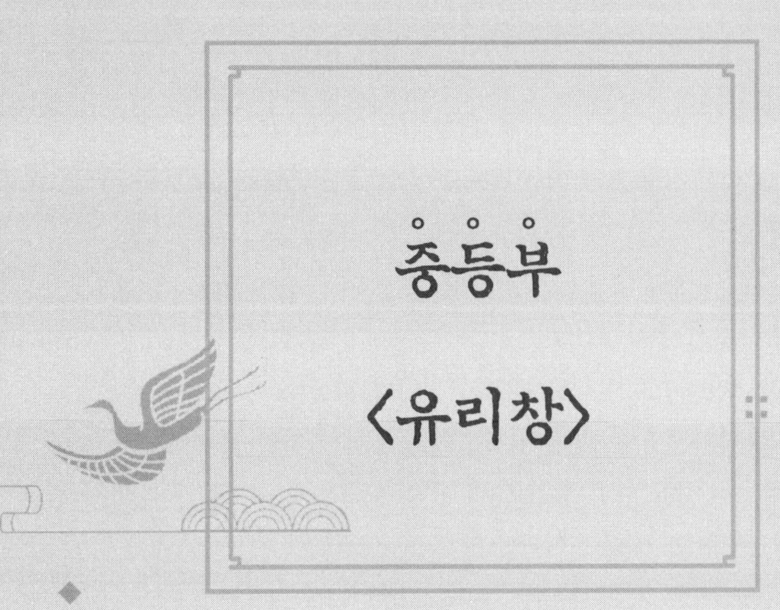

중등부

〈유리창〉

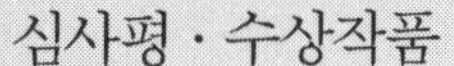

심사평 · 수상작품

중등부 심사평

시조의 형식은 갖추어 표현했는데 글자 수에 얽매어 산문형식의 글이 되지 않도록 글을 써야겠습니다. 반복되는 문구는 되도록 쓰지 않는 것이 시상을 살리는 것입니다. 시각적 이미지를 표현한 시 구절이 좋았습니다.

앞으로 3장 6구의 형식을 갖고 구절마다 시상이 이어져 독자의 마음을 함께하는 작품이 되어 시조의 독특한 시어를 살려 써주면 좋은 글이 될 것을 믿고 열심히 써 준 작품 모두가 감미롭게 느껴져 반갑습니다.

심사위원 : 김성숙, 이상덕, 윤 정

장원

유리창

전기성
우송중학교 2학년

기차 타고 다닐 때 옆에 있던 유리창
자기 얼굴 얼룩져서 울고 있던 유리창
그 모습 안쓰러워서 깨끗하게 닦아 줬네

닦아준 얼굴로는 아침 햇살 보여주고
닦아준 얼굴로는 푸른 바다 보여주고
닦아준 얼굴에서는 웃음꽃이 활짝 폈네

기차 타고 갈 동안 옆에 있는 유리창
한평생 사는 동안 옆에 있는 사람들
지구촌 우리 모두가 이처럼 돕는다면

특차상

유리창

조 혜 민
대전대성여자중학교 1학년

눈 온다 유리창은 하얗게 서리 끼고
우리는 유리창에 그림을 그려본다
그려도 잠깐한 눈을 팔면 다시 하얗게

서리가 장난친다 겨울이 오면 나는
유리창이란 말이 자꾸만 생각난다
겨울아 다음에 오면 서리랑 같이 오렴

차상

유리창 - 낮과 밤의 조화

김정운
우송중학교 1학년

유리창 사이에서 보이는 낮과 밤은
아침이 사라지고 또 다시 돌아오네
창밖에 낮과 밤 조화롭고
서로서로 빛을 내네

창밖에 따스하게 빛나는 빛 들어 오네
낮과 밤 조화롭고 둘이서 함께 빛내네
창밖에 낮과 밤 사이좋고
서로서로 공손하네

차상

유리창

안호연
우송중학교 1학년

나의 마음 보게 하는 또 다른 나의 모습
언제라도 어디서라도 나를 보게 하고
그렇게 넓게만 보이던 거울 속 모습인데

갑갑한 세상이 거울을 어둡게 하네
볼 수 있는 모습도 점점 없어져 가고
이제는 검게 물들은 마음만 보이네

이 이상 검게 물든 나의 모습 보기 싫어
갑갑한 세상에 틀을 깨고 저항하여
넓었던 거울속 모습을 다시 한번 보려 하네

차상

유리창

김민규
우송중학교 1학년

투명히 바라보는 아름다운 세상에는
아이들이 도란도란 모여서 놀고 있네
아 나도 저곳에 가서 다함께 놀고 싶네

한곳에 갇혀버려 아무 것도 할 수 없네
다른 곳을 바라보며 내 마음 위로하니
나에게 조금이나마 희망 주는 것이네

차상

유리창

김승하
운천중학교 1학년

하얗게 눈 내리면 빈칸에 서리 끼고
하루가 지나오면 스스로 날아가고
하늘을 올려다보면 그대가 떠오르네

눈들이 녹아오면 환하던 얼굴에도
너와의 추억들도 모두 다 사라지고
나에게 위로 건네는 너 정말 괜찮구나

연습

김선민
우송중학교 1학년

유리창을 바라보며 매일같이 고민한다
사랑했던 그대를 어떻게 보내야
그대와 만난 시간들 후회 없이 지나갈까

슬퍼하는 그대 얼굴 바라보기 두려워
대답 없는 유리창만 하염없이 바라보며
유리창 그대로 삼아 오늘도 이별한다

차하

유리창

김수현
우송중학교 1학년

봄에는 산뜻한 햇빛을 가득 받아
여름엔 뜨거운 열기를 가득 받아
겨울엔 차가운 냉기 나에게 비춰 주네

차하

유리창에 비친 나무

김동혁
우송중학교 1학년

유리창 너머로 웅장한 나무 한 그루
여름엔 그늘로 겨울엔 땔감으로
저 깊은 나무의 배려 정말로 고맙네

나무는 어쩌면 부모의 사랑 같네
우리를 위해서 모든 것을 내어주네
창속엔 푸근한 사랑이 아주 많이 넘치네

대전시조시인협회 | 제33회 전국한밭시조백일장

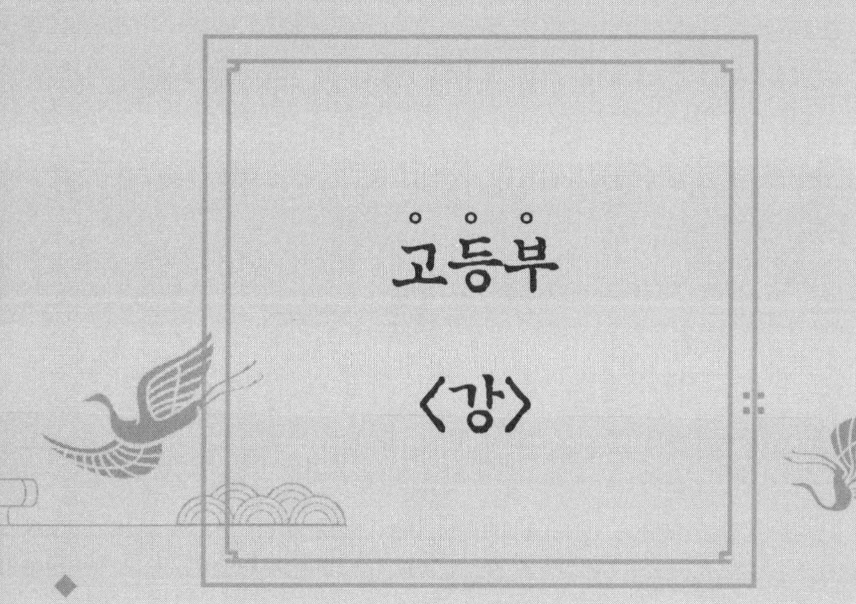

고등부

〈강〉

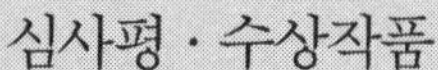

심사평 · 수상작품

고등부 심사평

서서히 문학에 대하여 꿈을 피우기 시작하는 고등학교부에 많은 학생들이 참여해주어 무척 다행스럽게 생각한다.

대부분의 참가자들이 시조 형식을 잘 알고 있는 듯하여 더욱 다행스럽게 생각한다.

그러나 작품 속으로 들어가 보면 내용들이 꿈과 열정을 펼치기보다는 어두운 면에 포커스를 맞춘 작품들이 많아서 무척 안타깝게 느껴졌다. 청소년답게 꿈을 품어가는 작품 쪽으론 긍정적이었으면 좋겠다.

장원으로 선정된 차 훈 학생의 작품은 도도한 강물에 꿈 많은 청소년으로서 끝없이 펼쳐나가는 야심을 얹어 치환하는 솜씨를 높게 평가하였다.

강이 흘러 바다에 다다라 하나가 된다는 사실에 기인하여 알차게 성장하여 좋은 인연들과 다시 만나고 싶다는 점도 좋았다.

특차상에 입상한 김현태 학생의 작품은 탄탄한 기초가 되어있어 좋았다. 그러나 시상 전개에서 다소 억지가 보이고 위태로운 마음을 그려내고 있어 안타깝게 생각한다.

참가 학생들 모두 좋은 시조 일문으로 성장하기를 기대한다.

심사위원 : 조근호, 조경순, 김길순, 이완형

장원

강

차 훈
계룡디지텍고등학교 2학년

푸르게 반짝이는 우리의 마음같이
세차게 흘러가는 빛나는 강물들아
성장할 우리를 위해 더 세차게 흘러라

미래를 짊어지고 나아갈 우리들의
우리들의 마음을 담아서 흘러가라
우리의 마음을 담고 더 세차게 흘러라

흐르고 흐르면서 모여든 강물들이
바다가 생기듯이 하나가 된 것처럼
우리도 더욱 성장해 미래에서 만나길

특차상

강 - 심연

김현태
동아마이스터고등학교

두려움에 쫓기어서 하염없이 달리었다
내 앞엔 낭떠러지 그 아랜 깊은 강물
이것이 현실이였기에 강물로 뛰었다

아무것도 안 보이는 깊디깊은 심연이다
공허한 두려움이 나를 향해 엄습했다
나 자신 움츠러들어 아무것도 못했다

그때에 한줄기 빛 저 멀리서 보였다
그것은 나에게 한줄기 희망되어
미친 듯 헤엄쳐가며 빛을 향해 나아갔다

차상

강

김영서
대전신일여자고등학교

서늘한 물속에서
엉키는 열 손가락

물 위에 가득 떨군
단풍잎을 모으면서

애써서 시린 눈꽃이
서리는 걸 무시하며

당신과 함께라면
어디든 기쁘다고

눈 쌓인 얼어붙은
강물도 괜찮다고

강끝이 우릴 난도질할
절벽인지 모르면서

차상

강

김도현
계룡디지텍고등학교 2학년

강물이 흐르듯이 지나간 과거들에
미련을 주지 말고 괴로워하지 말며
다가올 미래를 대비해 미련 없이 살아라

고요한 강을 보며 내 마음 추스릴 때
살면서 후회했던 미련들 놓아 볼까
미련을 놓아줬을 때 내 앞에 강 나의 강

차상

강 – 나의 늦은 고백

이한희
대전신일여자고등학교

그대의 손끝마다 휘돌며 스쳐가는
선연한 물그림자는 이 나의 손이요
고요히 그대를 좇는 물안개는 내 눈이요

단정한 물길 속에 내 마음은 차게 끓고
반짝이는 그대 눈은 내 심장을 옥죄는데
그대의 푸른 봄 그리며 나는 다시 가라앉네

그대는 아름답고 강하며 지혜로우니
이 나는 깊숙이 강속에 잠들어
다시는 만나지 못할 그대 길을 축복하리

차상

강 – 안식처

이성호
동아마이스터고등학교

돌담길 강변가에 두런두런 둘러앉아
한 폭의 그림 같은 강줄기를 안주 삼아
막걸리 들이마시며 바람따라 강물따라

오래도록 간직하고 변하지 않았으면
아름다운 강줄기를 한 폭에 담아 본다
그림 속 푸르른 강은 변하지 않았으면

나 하나 늙고 늙어 먼지 끼고 지쳐가도
그대가 언제나 먼지를 씻어주겠지
지쳤던 몸과 마음도 깨끗이 씻어주겠지

차상

나의 강

이선진
대전신일여자고등학교 1학년

나 혼자 지 새운 밤, 그대는 생각할까
네 생각의 눈물들로 강가를 이룬다면
언젠가 내 시간들이 그대에게 흘러 갈까

그대 없이 지나간 날, 그대도 그리울까
내 마음의 추억들로 강가를 이룬다면
언젠가 내 그리움이 그대에게 다다를까

차하

강

서혜빈
대전신일여자고등학교 1학년

고요한 그 곳에 바람이 불어왔다.
조용한 그 곳에 이른 비가 쏟아졌다.
그 곳은 가랑비 젖듯 조금씩 불어났다.

그 곳엔 소란스레 아픔이 찾아왔고,
아픔을 이겨내고 정신을 차려보니,
그 강은 나도 모르게 어느새 바다였다.

강

신수현
대전신일여자고등학교 1학년

오르지 못하고 한없이 내려오니
어떤 아픔을 품었는지 이유를 묻다
어쩌다 흘러만 갔는지 그 안은 무엇인지

넌 누구를 보았는지 누구에게 돌아갈지
햇빛이 비춰서 반짝이는 강 드리울 때
비로소 나의 모습이 투명하게 비췄다

차하

강

조연수
대전신일여자고등학교

뜨겁고 힘겨웠던 강의 해가 졌습니다
이렇게 해가 지고 저녁이 다가와도
결국은 발걸음 않던 나의 임을 그립니다

차갑고 외로웠던 강의 달이 졌습니다
그대가 엮어주던 나의 긴 시간들
언젠가 오실 그날에 이어나가 보렵니다

강

김 재 민
서대전고등학교 1학년

흘러간 시간 속에 흘러가는 너의 모습

지나간 시간 속에 지나가는 나의 모습

오늘도 강으로 간다 자연 속의 시간 속에

차하

강

방승찬
서대전고등학교 1학년

새하얀 물꽃들이 내리우는 푸르른 강
공허한 내 마음을 시원하게 채워 가네
고통의 찌꺼기들은 흘러가네 강에서

차하

강 – 한걸음

김미수
대전신일여자고등학교

푸르른 강물은 속도 없이 맑구나
불그락 나의 마음 여전히 붉구나
불그락 나의 마음이 푸르락 강물된다

푸르른 강물은 바다 같이 넓구나
바다 같이 넓은 것은 또 무엇 있을까
얼굴을 비춘 강 바다 나의 마음 한걸음

차하

강 - 홀로 서있는

유시온
대전신일여자고등학교 2학년

오늘은 특별한 날
아무도 모르는 날

담 너머 쳐다보면
사람들이 분주하다

천천히 옆골목으로
몰래 가는 그림자

나만의 비밀장소
소중한 비밀장소

강가에 비치는
저 불빛과 노래소리

초라한 내 모습까지
투명하게 비춰주네

강물

박상진
동아마이스터고등학교

흐르는 강에 서서 얼굴을 비춰본다
비춰진 얼굴 보니 근심이 가득하니
근심은 흘려 보내고 강바람 느껴야지

강바람 느껴 보니 근심은 사라지고
비춰진 얼굴에서 희망이 보여 간다
근심이 사라지더니 희망이 비춰지네

차하

고요한 강

최 진 혁
계룡디지텍고등학교 1학년

학교 끝난 늦은 시간 상처 받은 나의 마음
외로움이 밀려오는 고요한 강물소리
부모님 만날 생각에 들뜬 마음 감추네

차하

금강

김송원
동아마이스터고등학교

대전의 아름다운 금강을 가보았니
생명이 활기차고 강빛이 아름다워
내일의 태양과 같이 빛나는 모습이다

참방

강

육수진
대전신일여자고등학교 1학년

햇살이 가득해진 물방울 반짝이는
밝은 날 일지라도 강변이 안 보이면
외로이 흐느낀 채로 젖어가는 내 마음

달밤에 다시 한 번 강가에 가보기를
언제든 볼 수 있고 언제나 볼 수 없는
영원한 나의 휴식처 나를 다시 비추길

참방

강 – 흐르는 강과 삶

최 나 래
대전신일여자고등학교

강 따라 흘러가면 내 갈길 비춰질까
아버지 따스한 말 어머니 그 숨결
모두 다 물고 태어나 베풀리 모든 생에

참방

강

박민수
계룡디지텍고등학교 1학년

쨍쨍한 이른 아침 햇빛을 받으면서
선선히 들려오는 다리 밑 강의 소리
자세히 귀 기울이면 기분 좋은 물소리

참방

강

김 도 연
계룡니시텍고등학교 1학년

이 강은 물고기가 살았던 강이었다
하지만 물고기가 죽어서 떠다닌다
냄새가 너무 심하다 물고기가 불쌍해

참방

강

정준호
계룡디지텍고등학교 1학년

가족과 강에 가면 아빠는 낚시하고
엄마는 구경하니 누나는 할 게 없어
저 멀리 심심해 하는 동생들과 잘 논다

참방

강

염창훈
서대전고등학교 1학년

인생은 끊임없이 흐르는 강과 같다
강물이 많은 돌과 싸우며 흐르듯이
인생도 거친 물살을 극복하고 흐른다

참방

강

곽 태 우
서대전고등학교 1학년

당신의 마음속에 만들어진 깊은 강물
차가운 말들 속에 얼룩져간 당신의 강
그대의 추억 속에는 행복만이 남기를

참방

강

남진영
서대전고등학교 1학년

강물이 흐르듯이
나 또한 흐르네

이 강물이 어디로
흐르는지 모르지만

나는 내 목표를 향해서
열심히 흘러가리

참방

강

서 제 완
서대전고등학교

잔잔히 흐르는 푸으른 강이 있네
이 강을 바라보니 내마음도 잔잔하네
흘러다 멈추지 말고 내 마음도 흐르게

참방

강 – 강물이 넘쳐흘러

박 민
대전신일여자고등학교 1학년

고요한 내 마음에 그대라는 비가 내려
넘쳐흘러 감당 못 해도 빠짐없이 그대에게
내 모든 소중한 것을 님에게 바치리라

참방

강 – 개구리

고해연
대전신일여자고등학교 2학년

스르륵 일어나니 물소리 들려온다
똑똑똑 두드리니 친구도 일어났다
친구와 헤엄치면서 놀고 있는 내 모습

참방

강물과 그대

송재혁
동아마이스터고등학교 2학년

흐르는 강물 또한 그대를 아실런지
내 마음 그대만을 아직도 기다리나
전하지 못한 말들이 너무나도 많구나

참방

눈물이 메운 강

김연진
대전신일여자고등학교 1학년

차디찬 내 눈물이 저 강을 가득 메워
아픔이 흘러 넘쳐 한없이 흐르더만
찬란히 빛나는 저 강 나에게는 서럽네

참방

삶과 강

정원호
동아마이스터고등학교 2학년

푸른 강 막힘 없이 어디든 흘러가네
나의 삶 강물처럼 흐르면 좋으려만
어디가 막혀 있길래 고인물이 된 건가

참방

새벽 강 낚시

임원빈
동아마이스터고 1학년

안개 낀 물면 위에 서있는 밧줄 한줄
무언가 잡히기를 바라는 취업생처럼
희미한 희망 한줄기 잡히기를 물변 밑

참방

잊을 수 없는 강

이현석
서대전고등학교 1학년

그대여 그대는 기억이 나는가?
그대와 함께 했던 수많은 추억이
내 마음 한편 강으로 오랜 시간 남는다

우리가 맞닿던 뜨거운 입술과
우리가 느꼈던 서로의 감정이
우리의 대뇌 깊은 곳 강으로 남는다

참방

정직한 강

이승훈
서대전고등학교 1학년

푸른 강 정직하게도 늘 아래로 흐른다
우리도 최선을 다해 정직하게 흐르자
언젠가 하류에 가면 비옥함이 반긴다

참방

님의 강

성승환
동아마이스터고등학교 2학년

소나기 쏟아지고 범람한 나의 마음
모든 것을 포용한들 나의 마음 샘이로다
하물며 님의 강에선 나의 마음 소나기

참방

흐르는 강물

강민수
동아마이스터고등학교 2학년

강물이 흘러흘러 세월이 흘러흘러
강물이 흘러흘러 바다로 흩어지듯
세월도 흐르고 흘러 우리들도 사회로 흩어져

참방

욕심의 강

김민규
서대전고능학교 1학년

십수 년 살아와도 헛배 부른 밑 빠진 독
당신의 넓은 마음 보고 배워 고치겠소
모든 걸 다 품을 것같이 넓디넓은 님의 마음

전국한밭시조백일장

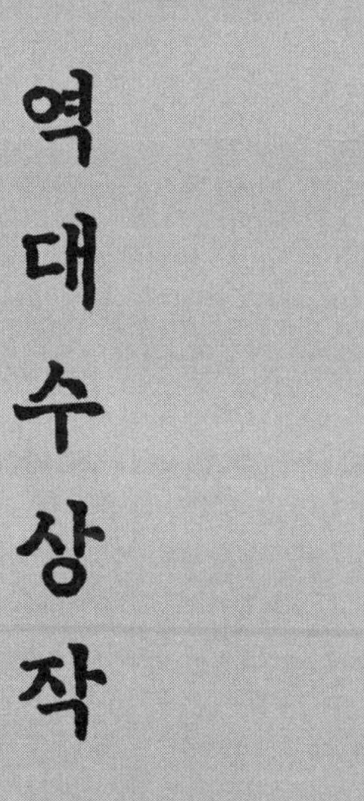

역대수상작

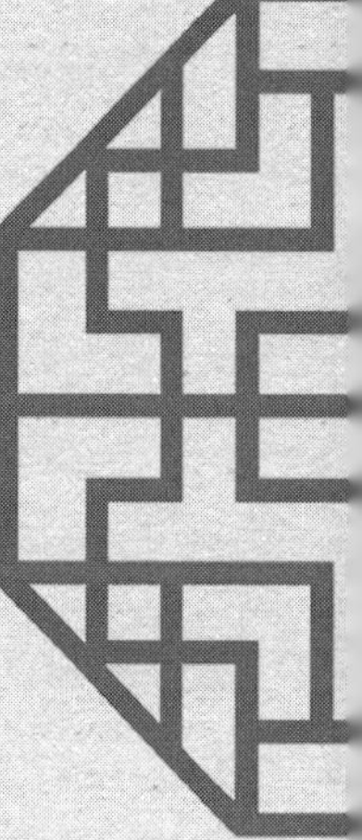

❑ 1회(1986년) 일반부 장원 ➟ 최정란

여명

바람이 불어온다 춤사위가 일렁인다.
못다한 춤 못다푼 신명 한 끈 되어 침몰하는
한마당 가을 하늘에 신바람의 원무가…

한이 얼마가 되면 흰빛으로 태어나나
흰빛은 몇 생을 대껴 무지개빛 내어 거나.
아 분명 터지는 갈채 깃발 속에 나부낀다.

살아, 다시 살고픈 필생의 혼줄 앞에
영욕을 불사르며 깨어나는 우리 슬기
한마당 떨리는 부챗살 부활같은 저 여명.

❑ 2회(1987년) 장원 ➟ 이효숙

태풍 이후

모두들 쓸려버린 적막의 땅 끝에서
울다 지친 목청들이 더러는 휘청거리고
쓰러진 내 이웃들의 허허로운 성하(盛夏)의 눈(目).

불면의 하얀 뼈가 풀어놓은 흙무더기
젖어버린 꿈들을 울타리에 걸쳐 놓고
헐벗은 황량한 목숨들 애틋하게 건져낸다.

맨발로 달려 나간 황토빛 종아리들
남겨진 주춧돌이 씨앗으로 영글다가
날이 선 호미 끝에서 끈질기게 일어선다.

비워진 들판에서 깊어 가는 뿌리들
잦아진 강물 위로 고요히 묶인 시름
열려진 구름 사이로 다시 피는 햇살이여.

❑ 3회(1988년) 장원 ➟ 이영주

들녘

지창에 번져 들던 일상의 발길들이
남루한 바람으로 한세상 떠돌다가
한 타래 전설을 풀어 들녘 위에 앉는다.

이 가을 서성이던 일월의 발자국이
수수밭 이랑 위로 심지불을 돋우다가
포플러 마른 가지에 꿈줄기를 달아 맨다.

적막한 숲속에선 서걱이는 바람 소리
애타게 우는 참솔 새 소리도 퍼득이면
한세월 자락을 잡고 나도 함께 흔들린다.

지나 온 거리들이 눈물 세워 다가서면
허허로운 들녘에서 묵은 때를 털어 내며
동구 밖 탑을 세우듯 나를 바로 세워야지.

❏ 4회(1989년) 장원 ➟ 여인문

中部의 하늘

질경이 꽃 되라 한다 푸른 가슴 포개어
10월의 향에 익어 살쪄오는 그 人情이
뿌리로 질긴 인연에 박꽃으로 벙글고

향연이 끝난 자리 中部의 가을 텃밭
그림자로 비추이는 내 어린 순수의 섬
마술사 노래에 취해 동공 속에 박힌다.

흰빛으로 태어난 生 한자리에 둥지 틀고
새처럼 조잘거리며 강물처럼 흐르며
꽃되어 깃을 편 하늘 노을 되어 일어선다.

❑ 5회(1990년) 장원 공동수상 ➟ 김계연

고향

I

질그릇 고인 햇살 치마폭에 떨어지면
그 무늬 선연하여 밀리는 설렘이
어머니
천연한 모습 밭이랑에 닿은 향기.

II

볏단이 출렁이는 동구 밖 노을 한 점
허수아비 빈 손 들고 밤 새워 쫓는 소리
고향뜰
숨어 익는 꿈 情이 휘어 큽니다.

III

먼 길을 배웅하던 대숲 사이 참새 떼
지붕 위 박 속처럼 아련히 피운 정성
이 하늘
가련한 잎새 동공 안에 맴돕니다.

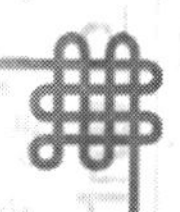

❑ 5회(1990년) 장원 공동수상 ➡ 임재룡

기다림

우거진 日月의 수풀 스쳐 지나온 세월
벽공에 뜨는 落日 가을 한잎에 담아
먼 들녘 여민 쓰라림 불러와서 채운다.

幼年의 바람소리 뚫린 구멍으로 남듯
오열로 물든 日沒 먼 하늘 저도 붉어
비맞은 새의 숨소리 몸부림도 비좁다.

億萬年 불을 지른 지층속 깊이 따라
地上의 들과 산도 예정된 역사인걸
賤한 피 살 뜯는 아픔 넋을 쓰고 누웠다.

沈潛한 詩心 불러 모락 모락 피울 때
푸드득 깃을 털며 솟아오른 그리움
아린 뜻 죄다 태우니 하얀 뼈만 남는다.

내 속살 깨운 이랑 비밀로 담은 因緣
낱낱이 꿈을 깁고 다시 사는 그 생명
餘白에 그린 기다림 갈피마다 아롱진다.

❑ 7회(1992년) 장원 ➡ 이종현

내일

깨진 창 산촌에 행적이 끊긴 고요
생각 없는 들꽃 위로 고압선 선연하게
들녘을 겁탈하고서 도시로 향하고 있다.

무심한 세월의 늪에 農具는 녹이 슬어
여울져 패인 가슴 흔들리는 그림자
몇 평 땅 설움의 강에 씨앗을 뿌리고 섰다.

解散의 미련 떨궈 긴 잠에 깨어난다.
누구의 오늘 아닌 수난의 물굽이를
옹골찬 심성을 돋워 내일을 맞이하다.

❑ 8회(1993년) 일반부 장원 ➟ 조성인

탑

푸른, 하늘 한조각 삶의 영역은 높다.
정 끝에 실린 땀 서러움도 깊어
무영탑 깊은 사랑은 그림자를 삼켰다.

돌 하나 인연 하나 층층히 쌓아놓고
세월을 각인하는 서툰 손놀림
탑등은 이기서린 채 연꽃 한 줌 피워문다.

무딘 돌덩이 삶의 높이까지
심한 두통으로 번져오는 아픔은
밤 사이 기웃거리던 젖은 꿈 싣고 온다.

❑ 9회(1994년) 일반부 장원 ➡ 윤종남

삶

햇살 듬북 말아 검게 익은 그 얼굴로
바람에 찢긴 옷을 실없이 날리면서
빈 들녘 노을을 보고도 나는 웃고 있었다.

뼛속 깊이 스며드는 아픔을 딛고 서서
눈 뜨고 못 볼 세상 눈 못 감고 잠들 세상
하늘이 등을 돌려도 나는 참고 살았다.

빗물에 젖어가고 서리에 시달려도
새들이 돌아올 날 가슴으로 새기며
떨어진 이삭 하나로 나는 봄을 심는다.

❑ 10회(1995년) 일반부 장원 ➟ 유해자

물결

하루는 핏빛으로 또 하루는 꽃빛으로
굽이마다 한을 풀어 휘감기는 빛살인데
도도한 은빛 함성이 비늘로 번득인다.

가슴으로 안은 하늘 기나긴 서러움에
물망초 슬픈 사연 소복하고 머리 풀면
애달픈 흰 치맛자락 부여잡고 울더라.

그리움에 저무는 강 밤이슬로 내려앉고
바람인 듯 수심인 듯 여린 별빛 강물에 풀면
아직은 못잊을 사랑 먹물로 번진다.

온 밤을 뒤척이며 님 생각 골똘할 제
차가운 달빛은 눈물로 흘러내려
남몰래 울음 삼키며 깊어지는 그리움.

❑ 11회(1996년) 일반부 장원 ➟ 김광분

낙엽비 날리는 길

저물녘 가을강에 은빛 갈대 물결치고
솔내음 너럭바위 달마저 오르는데
대숲에 빈 바람 소리 나그네를 깨운다.

고산(孤山)의 다섯 친구 벗삼아 떠난 외길
바람을 씨줄 삼아 천만사 엮어가며
오늘도 비우지 못한 업(業)을 닦는 나그네.

수없는 계절 속에 그리움만 쌓여가고
청솔빛 선연한 꿈 나이테로 감기는데
낙엽은 비처럼 내려 나그네를 재촉한다.

간간한 벌레 소리 마음결에 잦아들고
무심한 풍지 소리 숨처럼 떨리는데
다시금 새벽을 털며 길 떠나는 나그네.

❑ 12회(1997년) 일반부 장원 ➟ 남승열

국토

쇠뭉치 등짐 아래
두어 장 젖은 꿈이
흙가슴 살 그리워
외로 누운 저녁 숲에
뿌리 속 저리는 내력
목이 자꾸 잠긴다.

등 굽은 생나무들
지켜온 이 국토를
원음을 놓친 후렴
제자리만 맴도는가
침묵도 이런 밤이면
오열을 하고 있다.

조금씩 낮아지며
물길 찾아 오는 아침
풀빛 강물 또랑또랑
덧칠을 벗겨낸다
어둠 끝 미명을 털고
힘줄 불끈 솟는 해.

❑ 13회(1998년) 일반부 장원 ➡ 김성숙

조국

거칠은 손등 위에 피울음 수난사가
청청한 곧은 마음 단심가로 풀어 놓고
큰 고목 우듬지 위에 나이테로 감겨있네.

저고리 도련처럼 아픈 세월 둥글리며
때묻은 장삼자락 떠나는 말굽소리
새소리 산을 지어서 열매로 풍성하네.

멍들고 헤진 상처 싸매어 달래놓고
한바탕 춤사위로 목울대 울려보는
거대한 젖줄의 바다 출항하는 만선의 꿈.

❑ 14회(1999년) 일반부 장원 ➟ 이승태

새천년

언제부터 울었을까
백두의 햇살 눈 뜨는 곳
참아 잠들 수 없는
저 천년의 피리 소리
별 하나 어둠을 사루며
단념 밖으로 나서고.

더께더께 쌓인 세월
뼈시린 결빙의 땅
우직한 소 한 마리
휴전선을 넘고 있다
아득히 감겼다 펴는
천만년의 춤사위.

한 번도 주목받지 못한
하찮은 쑥부쟁이
때론 슬픔이고 기쁨인
저 들판에 서서
긴 세월 어두운 세상
등불 밝히고 있다.

❑ 15회(2000년) 일반부 장원 ➡ 박종욱

문

반도를 하나로 한 화랑의 말굽 몰아
총칼을 겨눈 채로 흘기던 차가움이
터트려 동천에 솟을 함성으로 오는가.

꽃 지고 달도 지고 한 세월 굽진 삶을
이 빠진 진달래빛 血河의 파도 살로
두고 온 뼈 속의 고향 등불 밝혀 섰거니.

삼팔의 문을 쪼다 내려온 소년 병사
등날을 짊어지고 파선으로 묻힐망정
누군가 필시 버렸을 낮달 하나 아득하다.

지친 광야 끌고 오는 저기 저 어둠 보라
횃불 들고 지키시던 조국의 명줄 위로
지상과 천상을 연결한 그 선이 날 묶는다.

❑ 16회(2001년) 일반부 장원 ➡ 김일용

약속

봄 햇살 물꼬 틀고 논밭으로 내려오면
아버지는 겨울잠 자는 농구들을 깨웠다.
봄갈이 황소 울음이 초록으로 들썩이고.

흙살을 잘게 부숴 사랑을 돋우시고
어머니 우리들을 이랑마다 뿌리셨다.
호미질 못이 박힌 손 해질 날이 없었으니.

돌쩌귀 마른 울음 다독이던 불씨 하나
땀방울 송알송알 정성으로 여문 들녘
탈탈탈 농기계 소리 함성 이는 가을 약속.

❑ 17회(2002년) 일반부 장원 ➟ 최기남

기다림

산 그늘 비껴 앉은 초가을 개울물에
너무 맑아 보이지 않던 열아홉 꿈의 片鱗
여울목 거슬러 올라 은빛 날개 퍼득인다.

흐르는 물 이마를 씻어 환하게 빛나는 사유
반짝이는 물무늬 위에 수를 놓는 그대 안부
그 푸른 希願의 불꽃 어디쯤 가 닿았는지.

젖은 돌멩이 하나 손바닥에 올려놓는다.
몸속 붉은 핏물까지 말갛게 닦아내며
물방울 다시 구름 되기를 기다리는 동안에.

❑ 18회(2003년) 일반부 장원 ➟ 조충선

상봉

은사시 잎을 떨며 향수에 젖어 들면
조국에 목숨 맡긴 지아비 생각 사무쳐
밤새내 풀벌레 사연 푸는 소리 듣는다.

숨가쁜 전선에서 안부를 전하지 못해
남 몰래 속 태우는 구릿빛 얼굴 그린다.
우듬지 혼자 지키는 까치밥에 목이 멘다.

고사리 손 꼽아가며 기다리는 풀빛 아이
어려서 알아버린 이별의 안타까움
뜨거운 피 확인할 날, 함께 달래 보련다.

❑ 19회(2004년) 일반부 장원 ➡ 나경화

독도

훌훌 털고 떠나가는 무수한 사람들 틈
외지로 함께 가는 자녀의 아픈 뒷모습
아버지 홀로 남아서 밤파도를 헤치신다.

눈물은 바윌 깎아 하늘을 찔러대고
아픔에 못이겨 몸서리 친 저 파도는
통통배 희망 하나를 무참하게 짓이겼다.

쉼없이 휘두르는 칼날 같은 세상살이
치이고 또 치여도 한 남자 굳건함은
독도의 고독한 인생 인고함을 닮았는가!

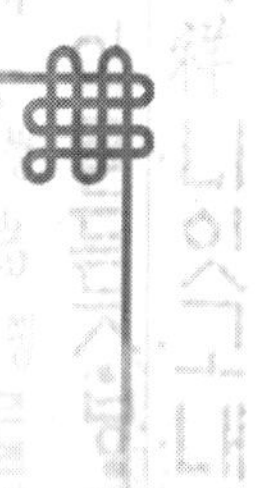

❑ 20회(2005년) 일반부 장원 ➟ 김태형

새

— 조류독감

지도에도 그리지 못한 모란장날 난전에서
국밥 한술 소주병에 아버지는 병들었다
신문엔 조류독감이, 소문처럼 수런대고.

별빛도 촉수 낮춰 어둠을 지피는 밤
철새가 그리울수록 장터로 가야한다는
시름 찬 아버지 말씀에 양계장은 무너졌다.

못 떠난 허울 하나, 저당 잡힌 삶을 안고
누런 개 뜀박질하는 그 길을 따라가면
출항을 꿈꾸고 있는 눈부신 새 퍼득인다.

❏ 21회(2006년) 일반부 장원 ➡ 경홍수

물결

예부터 산과 물을 슬기로 가꿔오고
큰물을 다스림에 빌미를 접었어도
망나니 휘두른 창이 하늘밑을 뚫었나.

초라한 모습에다 퍼부은 작달비*가
지루한 장마 속에 치미는 아픔으로
곳곳에 쏟아 놓으니 미리내도 묻히고

하늘땅 맞닿아서 타래쳐* 앓는 소리
헐벗은 길목에는 비그이* 전봇대만
구름이 쓸어간 자리 피땀으로 너울져.

* 작달비 : 세차게 퍼붓는 비
* 타래치다 : 물결이 솟구치다
* 비그이 : 비가 그치기를 기다리는 일

❏ 22회(2007년) 일반부 장원 ➟ 나상숙

숲

키 작은 잡목이어도 이름모를 연생이
한해살이 풀이라도 당신에게 갈 수 있다면
두레솔 그 뿌리 내린 솔밭이면 족하리

메지메지 정 나누고 앞가슴 풀어헤쳐
한 날의 상한 마음 약손처럼 쓸어주던
달큰한 젖내가 풍겨나는 어머니 누운 그 자리

비끗비끗 세상사에 태산같은 푸념도
한 섬 한 섬 부려놓고 시들부들 지쳐버린
희망을 일으켜 세워 또 다시 길동무 한다.

❏ 23회(2008년) 일반부 장원 ➟ 이난숙

태안반도

장대비 흠뻑 내려 멍든 바다 울부짖자
갈매기 붉은 울음 온 가슴 찢어지고
갯바위 검은 얼굴 들이밀자 파도마저 돌아눕는데

긴긴날 허기진 꿈 비스듬히 걸리고
갯벌도 젖은 숨으로 힘겹게 누워있어.
울 엄니 속눈물이 배도록 닮은 손끝이 보인다.

꿈마져 날려 보낸 자책의 연쇄고리
팔천 만 겨레의 마음 끊어질 듯 이어져
또 다시 응원가를 보내 하루를 여는 태안반도.

❑ 24회(2009년) 일반부 장원 ➟ 김지숙

축제

저녁놀 밀어내고 바람이 내려온다.
고요가 뒤척이면 깨어난 불빛들이
저 혼자 애처로움으로 시정을 앓고 있다.

불꽃은 떼를 지어 공중에 몸 던진다.
제 안에 갇혀있던 울분이 터져나와
육신에 꽃 피우는 듯 넋판을 벌이는데

신명은 단풍처럼 피었다 출렁인다.
눈동자 바람 들 듯 떠도는 곡조들이
한밤중 수런거리며 타고 있는 탈춤이다.

❑ 25회(2010년) 일반부 장원 ➟ 권용관

어머니

출렁이는 바다 속, 쪼개진 그믐달이
암초에 무섭게도 떨어지는 별꽃들
기우뚱 떠오른 부포 속에 아픔이 가득하다.

매일, 문 열어두고 기다린 웃음소리
밤하늘 은하수 속 눈물이 박혀 있다
떨어진 배 소리 듣는 안개 속, 등대 하나

깊은 바다에서 저 별들이 올라온다.
듣고 싶은 목소리 별이 되어 올라가고
어머니 손바닥 위로 별두리들 내려온다.

❑ 26회(2011년) 일반부 장원 ➟ 송태준

한국인

가을 빛 곱게 젖는 넉넉한 들녘 끝
비워내는 몸짓이 단풍보다 무겁던 날
어머니 걸어 온 길에 내가 나와 섰습니다.

아무리 돋움해도 선 곳이 박토 자락
삼사월 보릿고개에 소금처럼 목이 타고
삼동을 넘는 인고가 업보인 양 팍팍하여

주름진 밭고랑을 등에 이고 주운 이삭
손톱여물 썰어서 지워주던 책보자기
강물은 그렇게 흘러 오늘이 푸릅니다.

❑ 27회(2012년) 일반부 장원 ➟ 김무송

합창의 도시

고요한 산기슭에 소쩍새 한 마리가
아침을 울던 소리 남몰래 담아다가
싯구로 남긴 아침이 밤중에도 들리네.

백사장 파도들도 제 몸을 철썩이며
부르는 노랫가락 밤이면 밀려 와서
만들던 하나의 물결 귓가를 적시네.

저마다 간직했던 소리를 모아다가
단단히 엮은 노래 거리로 쏟아지면
도시에 울리는 시조 하모니가 되었네.

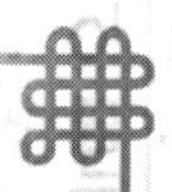

❑ 28회(2013년) 일반부 장원 ➡ 이현숙

강물

내 안의 기도들이 꽃잎처럼 흩어지고
두 손 위에 가득하던 햇살들도 스러지면
흩어진 생각을 깁듯 강물소리 일어선다.

물소리 베고 누운 한 때의 추억들이
서툴게 녹여내는 물들은 마음 한쪽
물비늘 반짝임처럼 다가왔다 멀어진다.

강물은 언제나 빈손으로 일어서서
길 위의 시간들을 다독이며 떠나는데
내 속의 맑은 소리는 어느 때에 울려볼까.

❑ 29회(2014년) 일반부 장원 ➡ 윤석훈

노점상

햇살이 반쯤 비친 술렁이는 골목길에
좌판대 인형들은 열병하듯 차렷 자세
오른쪽 하얀 곰인형 소녀 품에 안겼다.

곰돌이 끌어 안고 살포시 잠든 공주
높푸른 하늘가에 무지개꿈 수를 놓아
웃을 듯 해맑은 모습 복사꽃이 되었네.

점박이 강아지 인형 옛 시절 추억되어
어쩌다 돌아보면 애달픈 서러운 삶
흰머리 주름진 얼굴 꿈을 파는 할머니.

❑ 30회(2015년) 일반부 대상 ➟ 윤 정

모국어

— 내 어머니의 노래

어머니 뱃속에서 샘물처럼 듣던 소리
자장자장 우리 아가 움직이네 뛰어 노네.
꼬르륵 나를 깨우는 어머니의 언어들

자음과 모음 인연 기대고 의지삼아
부부지정 다독이며 한글사랑 이루더니
든든한 남매로 낳아 받침글자 키우네.

어머니 뱃속에서 숨결처럼 느낀 소리
기억의 조각 따라 고향 노래 불러본다.
나랏말 그 빛나는 정신 가슴으로 새기며.

❑ 31회(2016년) 일반부 대상 ➟ 이혜정

벽

하늘문 열어가는 아침의 푸른 나라
한민족 꽃맹아리 떨리는 몸짓 끝에
태극의 찬연한 기상 한반도를 수 놓는다.

순결한 백학들이 무리지어 날개펴듯
한 자 한 자 써 내려간 민족의 끄건 역사
파도가 씻어올린 태양 온누리 물들인다.

찢어진 민족사를 눈물이겨 아우르며
남과 북 잘린 혈흔 아직도 홍건한데
비정한 함묵의 벽을 허물어라 겨레여.

만주벌판 내달려간 광개토왕 순수비로
한라에서 백두 넘어 불어가는 바람아
찬란한 새 세기의 벽을 북풍 끝에 세워라.

❏ 32회(2017년) 일반부 대상 ➡ 김영미

무늬

나이를 먹는 만큼 무늬가 늘어난다
세월의 무늬들을 가만히 바라보니
한사람 스쳐갔는데 무늬들이 수천 개

그 사람 떠났지만 무늬는 남았구나
함께한 시간만큼 겹겹이 알록달록
사람이 스쳐간 자리 무늬들이 쌓인다

세월의 흔적처럼 늘어나는 무늬들
잔무늬 새겨지며 그렇게 내가 된다
인생의 무늬와 함께 성장하는 우리들

❑ 21회(2006년) 고등부 장원

➡ 신 경 선(충남여자고등학교 2학년)

도시에서

서늘한 칼날 위에 새하얀 눈벌판에
우리들 벌거벗어 옹기종기 모여앉아
칼날진 작은 바람에 몸 떠는 도시인들

산보다 바다보다 더 넓은 더 커다란
마음 하나 딱딱한 콘크리트 하나에도
시리고 찢기어져서 소리없이 없어지네

붉은 꽃 그 한송이 피워 줄 꽃씨 한줌
들여올 작은 틈 하나라도 있었으면
그 틈에 희망 하나를 불어넣어 보겠네.

❑ 21회(2006년) 중등부 장원

➟ 성 은 희(대전문정중학교 3학년)

꽃길

흙내음 가득하던 초록빛갈 어느 날
아련히 새겨진 길 꽃씨를 뿌렸었다.
언젠가 활짝 피어날 꽃봉오릴 그리며

물주며 정성스레 손끝으로 다듬어준
국화향 노란 샛길 살포시 춤을 춘다
눈부신 꽃들의 미소 내 맘에 남고파.

청명한 가을하늘 부사지는 햇살 속
내 마음 즐거웁게 웃음짓는 오늘도
눈부신 금빛 태양아래 꽃길 속을 걷는다.

❑ 21회(2006년) 초등부 장원

➡ 백아름(대전성천초등학교 6학년)

선생님

날마다 뿌린 씨앗 한량의 볍씨이네
목마른 어린제자 사랑으로 감싸주고
선생님 고맙습니다 오늘도 사랑해요

선생님 불러보면 가슴이 메어와요
잘되라 참되거라 떨리는 사랑의 매
선생님 감사합니다 큰절을 올립니다.

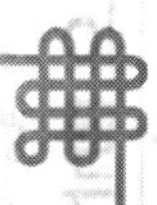

❑ 22회(2007년) 고등부 장원

➟ 백승범(서대전고등학교 2학년)

굽잇길 그 꿈은…

오천년 우리 역사 길고 긴 민족의 길
찬란한 문화 유산이토록 자랑스러운데
지금은 반으로 나뉘어 부끄럽기 그지없구나

길속에 응어리진 동족상잔 비극에
얽혀있는 그 한을 하나씩 풀어내어
탁 트인 평화를 향해 발 맞추어 나아가리

❑ 22회(2007년) 중등부 장원

➡ 윤희원(신일여자중학교 3학년)

꿈

안개 짙은 길을 따라
한참을 헤매었다
파랑새, 파랑새는
어디로 가 버렸나
아득한 꿈의 종착역
마음으로 그려본다.

이 길의 마지막에
가 닿을 곳 어디인가
걸음마다 마음 다해
후회 남지 않길 바래
내 꿈의 파랑새 따라
내딛어진 걸음에

❏ 22회(2007년) 초등부 장원

➡ 김후정(대전신평초등학교 6학년)

꽃밭

초록빛 들판에다 희망의 씨앗 붓고
고개를 쏘옥 밀어 새파란 날개 피고
오색빛 잎을 뽐내는 꽃밭 안의 새꽃들

드높은 산을 넘어 저파란 하늘속에
우아히 춤을 추는 하늘속 저 새들이
우유빛 구름 속으로 어렴풋이 사라져

새들아 자유로히 나는 흰 새들아
내 친구 정든 친구 소식을 전해주렴
내 친구 너무 보고파 너희에게 묻는다.

□ 23회(2008년) 고등부 장원

➟ 이명재(대신고등학교 2학년)

편지

말갛던 개울물이 단풍으로 붉어지고
노오란 나뭇잎 배 냇물 따라 흘러가며
보고픈 친구얼굴도 살랑살랑 아른댄다

빠르고 편리한 게 제일가는 세상 속에
네모난 글자를 쳐 내 마음 다 담아내어
빠른 빛 첨단기기로 속마음을 토닥인다

얼룩진 시냇물도 노랗게 물이 들고
하고픈 내 마음을 모두 담아 띄우면서
머나먼 네 메일함에 내 소식이 가겠지.

❏ 23회(2008년) 중등부 장원

➡ 송영서(신일여자중학교 1학년)

시험

하아얀 종이 위에 빼곡한 깨알같이
시험 전 내 머릿속 노력의 결실 담아
희망의 소중한 심지 내 열정의 불타네

빛 바란 종이 위에 소중한 시간 같이
시험 후 내 마음속 응원의 소리 담아
격려의 잔잔한 물결 내 바다가 커지네

❑ 23회(2008년) 초등부 장원

➟ 남은진(대전석교초등학교 5학년)

자전거

잘 나가다 넘어져도
일어나 다시 타면

한결같은 생각들이
바퀴살을 굴립니다.

웃어도
몰래 울어도
자전거는 달립니다.

두 눈을 크게 뜨고
발 끝에 힘을 모아

운동장 저 끝까지
달려가고 싶습니다.

꿈처럼
부푼 마음이
두 바퀴를 굴립니다.

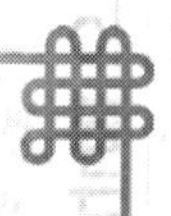

❑ 24회(2009년) 고등부 장원

➡ 윤지혜(대전동방고등학교 3학년)

아버지

회색빛 도시속에 자그만 나무 하나
푸르름 유일하게 새기고 살아간다.
혼자서
거친 바람을
맞아가며 서있다.

숙이고 내려가자 수백번 되뇌이고
서로가 무관심한 땅속에 들어선다.
따가운
시선있지만
살기위해 견딘다.

메마른 뿌리들이 물길을 발견하면
여기다, 잎새들아 드디어 찾아냈다.
아버지
고통 모른 채
우리들만 웃는다.

❑ 24회(2009년) 중등부 장원

➟ 이은영(부여백제중학교 1학년)

가을산

가을엔 노을들이 더욱 더 붉어지네.
그 이유 뭔가하니 가을산 물들이려
오늘도 어김없어라. 차례차례 물들여.

노을빛 받으면서 나무색 고쳐나가
높아진 하늘에게 떠나는 새들에게,
자신의 아름다워진 모습으로 인사해.

하지만 한편으로 겨울이 다가와서
마지막 아름다운 자신을 지켜보네.
자신의 씨 퍼트리며 조용하게 노래해.

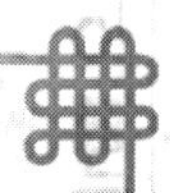

□ 24회(2009년) 초등부 장원

➡ 홍진희(경기안성산평초등학교 6학년)

편지

엄마가 보내주던 편지를 태워버려
남은건 생일날의 편지의 한 장이다
종이에 몇자의 밖에 남아있는 편지를

꺼내어 다시 한 번 읽어서 보았다.
뚝뚝뚝 떨어지는 뜨거운 눈물방울
잉크가 번져버리고 종이마저 헤졌다

그리운 엄마생각 달래려 편지읽고
오히려 더 생각나 슬픔에 잠겨있다.
정말로 엄마보고파 하늘 위로 편지를

❏ 25회(2010년) 고등부 장원

➟ 이서진(고양예술고등학교)

싸리문

가습기가 하얀 숨을
간신히 토해내고
링거는 조용히
눈물을 떨굽니다.

철문을
열었습니다.
할머니가 보입니다.

며칠동안 장승처럼
말없던 할머니가
바람새는 목소리로
나에게 말합니다.

오늘은 싸리문 볏짚을
가는 날입니다.

할머니가 조용히
우리 곁을 떠난 후에

추석마다 놀러갔던
시골집을 갑니다.

가슴에
할머니를 담은
항아리를 안고서

싸리문이 비를 맞아
다 썩어 버려서
떼어내 불을 붙여
태우기로 했습니다.

다시는
이 문을 여는
사람은 없겠지요.

집으로 돌아와
철문을 엽니다.
차가운 마찰음이
눈 안에 박힙니다.

눈물이 딱 한 방울만
볼을 타고 흐릅니다.

❑ 25회(2010년) 중등부 장원

➡ 송기나(버드내중학교 3학년)

어머니

눈물이 고이거든 어머니 외쳐보자
온 힘을 다 짜내어 어머니 불러보자
내 부름 들으시거든 한아름에 오소서

내 새끼 부르시며 눈물을 닦아주고
성한 곳 어디없냐 내 새끼 안아보자
주름진 어머니 손이 절실하게 필요하니

오로지 나를 위해 한평생 바치시고
고운 손 투박하고 거칠게 변하시고
어머니 이 한마디에 모든 것을 놓으신

어머니 그리우면 어떻게 해야하나
어머니 그 이름을 또다시 외쳐보나
어머니 나의 부름에 눈물까지 담으랴

눈물로 호소하면 어머니 오시려나
목놓아 울어봐도 어머니 안계시네
어머니 그 따스함은 어디에도 없다네

❑ 25회(2010년) 초등부 장원

➟ 박지윤(홍산초등학교 6학년)

어머니

회사일 하시면서
집안일 하시면서

힘들어도 웃으시며
괜찮다고 말하시는

죄송한 우리 어머니
너무나도 죄송한

회사일 때문에도
집안일 때문에도

힘들어서 아프신데
내 걱정 자식 걱정

죄송한 우리 어머니
너무나도 죄송한

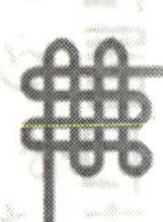

자식이 죄송해요
말조차 못했는데

자식이 사랑해요
말조차 못했는데

따스한 품 내주시는
사랑하는 어머니

❑ 26회(2011년) 고등부 장원

➟ 백아름(대전지족고등학교 2학년)

불꽃

따뜻한 보금자리 자그마한 불꽃 하나
쓰린 상처 본 사람들 맘 속 앙금 녹여주며
포근히 치료해주는 그들만의 유리파편

이제는 고개 숙인 순수의 꽃 한송이
불꽃튀는 빌딩 숲엔 꽃의 유혈 홍건한데
못 본 체 지나쳐 가는 각박한 산들바람

한없이 부끄럽다 열망하던 악의 불꽃
가족도 친구도 태워버린 슬픈 영혼
나눔의 소금이 되어 이웃사랑 불꽃 되지

❏ 26회(2011년) 중등부 장원

➡ 정하영(대전신일여자중학교 2학년)

한옥과 얼

푸르른 하늘 향해 솟아오른 솟을 대문
청산과 어우러진 우아한 팔짝 지붕
나무결 살아 숨쉬는 시원한 대청 마루

반만년 역사 아래 전해져 온 우리 한옥
위대한 조상들의 살아있는 얼과 혼이
옛스런 한옥과 함께 우리 곁에 남는다네

□ 26회(2011년) 초등부 장원

➟ 허유진(동대전초등학교 4학년)

얼굴

부모님 사랑 먹는 따뜻한 얼굴이네
사랑받고 쑥쑥 커는 예뻐지는 얼굴이네
마음 속 깊이 새겨진 소중해진 내 얼굴

얼굴은 추운 겨울 따뜻한 난로 같네
예브건 안 예쁘건 따스함 묻어나네
따듯한 난로같은 것 추운 마음 녹았네

창밖을 바라보니 내 얼굴 비춰있네
손결이 닿아지면 포근해진 얼굴이네
어디든 포근해지는 동글동글 내 얼굴

함박웃음 묻어나는 미소 짓는 얼굴이네
사람들 웃음 속에 파묻는 얼굴이네
상상 속 예쁜 내 얼굴 태양 같은 미소네

반짝반짝 광이 나는 위대해진 얼굴이네
그 누구도 뺏지 못할 아름다운 얼굴이네
한 폭의 아름다운 그림 빛이 나는 내 얼굴

❏ 27회(2012년) 고등부 장원

➟ 이유림(대전외국어고등학교 1학년)

마음의 향기

할머니께 언제나 풍겨나던 국화향기
우리집 작은 찬장엔 국화꽃잎 가득했다

언제나 마애불 미소 같던 감미롭던 가을 날
마음으로 국화차를 드신다는 할머니

쓰지만 그 마음엔 그윽했던 숨결로 와
가슴 속 한 페이지에 조용하게 피어났다

국화향기 나는 사람 되라던 그 말씀이
은은한 손길로 와서 내게 남은 시집같이
가을 날 따뜻한 향기 하늘로 피어 올랐다

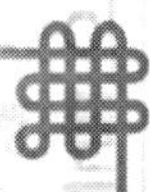

❑ 27회(2012년) 중등부 장원

➡ 조가은(가수원중학교 2학년)

이웃 사촌

따스한 햇살 보며 천천히 걷다 보면
어느새 칠 벗겨진 하얀색 대문 앞에
발걸음 발걸음 마다 발도장을 찍고 있다

가까이 다가가서 대문 앞 꼭 붙어서
큰 소리로 널 부르는 내 목소리 들었는지
나갈게, 네 목소리에 설레이는 메아리

얘기하다 하늘 보면 조그만 별 반짝이고
우리 얘기 듣나 보다 더 재밌게 얘기하던
담 하나 사이에 두고 얘기하던 이웃사촌

❑ 27회(2012년) 초등부 장원

➡ 허유진(동대전초등학교 5학년)

점심시간

따스한 손길 오는 어머니 점심시간
언제나 먹어보면 정 넘친 점심시간
가족이 모두 모여서 점심시간 즐기네

주름진 할머니 손 익어간 점심시간
숙성된 맛으로만 승부한 맛난 밥상
오늘은 늦가을처럼 천천히도 느끼네

학교서 종만 치던 꼬르륵 배꼽시계
먹으면 꿀맛 같은 우리 학교 점심시간
다 같은 학부모로서 윤기 나는 밥주네

밥투정 부릴 때도 웃음을 지어주네
자식들 굶을까봐 더 챙긴 점심시간
괜히 또 눈물 나게 한 감동적인 울 밥상

❑ 28회(2013년) 고등부 장원

➡ 신예은(대덕고등학교 1학년)

가을 하늘

창문에 눈부시게 가을이 스며든다
푸른색 하얀색 물감을 섞은 듯한
선명한 하늘 빛깔이 여린 몸을 부른다

이제 막 익어가는 곡식의 저 계절이
새로운 보금자리 맞이한 구름은
저 홀로 새하얀 얼굴 수줍은 듯 내민다

첫 생리 터진 듯 붉은색 태양만이
입술을 헤벌리며 뜨거운 숨 내뱉는다
아직도 지난 여름의 흔적을 안고 있다.

❏ 28회(2013년) 중등부 장원

➟ 이선명(가수원중학교 1학년)

가을 하늘

벼들이 고개 숙여 누렇게 익어갈 때
빠알간 옷을 입고 훨훨훨 춤을 출 때
사촌들 손을 맞잡고 걸어봤던 오솔길

나무들 사이사이 햇빛이 간질이는
곤충들 음악회가 귓가를 간질이는
마음 속 나의 오솔길 오솔길을 지나쳐

누렇게 익어가는 논두렁을 벗어나서
경운기 오는 소리 두 귀를 쫑긋 세워
삼촌이 맛있는 음식 사가지고 올가나

조그만 언덕에서 사촌들과 경주하다
그 중에 가장 어린 나만 뒤처지고
결국은 푸른 언덕 위 푸른 하늘 보다가

씩씩씩 참았던 숨 한 번에 내 쉬면서
하늘에 내 숨소리 포근히 묻어두고
마음에 푸른 하늘이 잉크처럼 번진다

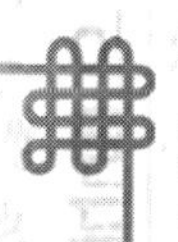

□ 28회(2013년) 초등부 장원

➡ 유서현(대전내동초등학교 6학년)

내 동생

장난만 많이 치고 말 안 듣는 내 동생
언제나 걱정하고 조금 더 챙겨준다
그러면 내 맘 아는지 배시시 웃어준다

동생아 나는 네가 웃을 때 제일 좋아
앞으로도 그렇게 해맑게 웃어주어
누나는 웃는 널 보면 나도 몰래 같이 웃어

장난도 많이 치고 말은 잘 안 듣지만
누나를 좋아하고 웃는 게 사랑스런
동생아 누나는 말야 너를 너무 사랑해

❏ 29회(2014년) 고등부 장원

➡ 신동녘(대덕고등학교 2학년)

느티나무

가을볕 흠뻑 적신 벼 이삭 늘어진 듯
힘없이 처져 있나 다시금 돌아보니
보내온 세월만큼을 젊어진 늠름함아.

한가득 녹음 지어 관철을 머금었고
햇볕도 조롱새도 걸치어 쉬어 가는
바람결 흩날려 가는 곳 이내몸 뉘어 본다.

아이야 놀다 가라 바람아 쉬어 가라
동구에 언제라도 에움길 곁에 있어
나들 때 뉘었다 가라 우직하니 서 있는다.

❑ 29회(2014년) 중등부 장원

➡ 유남혁(대전송촌중학교 2학년)

짝사랑

봄 오길 기다리는 겨울의 새싹처럼
부두에 홀로 서서 울먹이는 아이처럼
짝사랑 그 일편단심도 기다림의 길이라

새싹들을 감싸는 푸르른 땅이 있고
아이를 달래주는 파도소리 가득하니
짝사랑 그 세글자엔 따뜻함이 보인다

❑ 29회(2014년) 초등부 장원

➡ 최혜지(대전매봉초등학교 6학년)

일기장

엄마는 몰래몰래
내 일기를 쳐다본다.

내가 엄마 몰래
게임하는 것처럼

엄마는 스파이같이
활동하고 있었다.

오늘은 재빠르게
일기를 쓰고난 뒤

엄마를 속인다
일기장을 보면서

이제는 부끄러운 일
하지는 말아야지.

❑ 30회(2015년) 고등부 장원

➟ 오일성(충남기계공업고등학교 1학년)

모국어

무지를 닦아내던 한줄기 땀방울로
꽃향기 가득하듯 단비를 내려주네
더 없이 행복했었던 백성들의 그 웃음

낯설은 외래어로 몰아친 천둥번개
찢기고 깨져버린 우리의 고운 한글
내 맘은 상처투성이 모국어가 그립다

한글의 보금자리 이제는 찾아야지
낯설은 외래어를 쇠말뚝 뽑아내듯
눈부신 밝은 햇살로 우리 글을 비추네

❑ 30회(2015년) 중등부 장원

➡ 오승현(대전신일여자중학교 1학년)

모국어

산골짜기 허허벌판 씨앗 하나 자리 잡아
추위와 고통을 힘겹게 견뎌내어
마침내 꽃으로 피어나 깊은 산 속 빛이 되네

❑ 30회(2015년) 초등부 장원

➟ 임은영(대전보운초등학교 6학년)

한글

천사백 사십육 년 나라말 만들어서
우리말 없는 설움 깨끗이 씻으셨네
영원히 찬란하여라 길이길이 빛나라.

세계 속 아름다운 우리의 훈민정음
먼 나라 사람들도 열심히 익히는데
우리는 은어 속어로 훼손하니 슬퍼라.

❑ 31회(2016년) 고등부 장원

➡ 안선영(대전여자고등학교 2학년)

조국

치맛단 움켜쥐고 멀리멀리 떠나왔네
괜찮단 그대 말에 미소라도 지어줄 걸
따뜻한 그대 품으로 돌아갈 수 있을까.

한 방울 눈물 모여 한 소절 음악되고
고독한 한숨 모여 한 단의 비단되니
돌아갈 그 날이 오면 전해줄 것 참 많다.

눈감고 남쪽 향해 숨을 크게 들이쉬면
마음 속 그려지는 그대 모습 어찌할까
서방님, 나는 아직도 잊지 못해 삽니다.

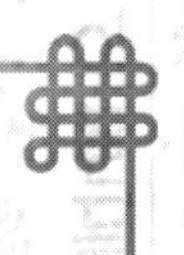

❑ 31회(2016년) 중등부 장원

➡ 김현재(대전글꽃중학교 2학년)

통일

새벽빛 천 조각들 하늘 위 굴러간다.
검붉은 먹물방울 바다에 잠겨가고
공허한 잿빛가루들 그 바다를 덮는다.

두 길로 갈라서고 시리게 등 돌리던
하이얀 물고기떼 그들의 재회 길엔
꼭 한 번 네 손을 잡고 뱃노래를 부르리.

❑ 31회(2016년) 초등부 장원

➡ 성인희(대전매봉초등학교 5학년)

태극기

밝음과 어두움이
중심을 만들고

물과 불 하늘 땅이
태극기를 완성한다.

오래 전 음과 양을 깨달은
아름다운 대한민국

빨강이 파랑과
조화를 이루듯이

하양과 검정도
조화를 이룬다.

오래 전 대한민국은
태극기로 시작됐다.

❑ 32회(2017년) 고등부 장원

➟ 백은재(충남기계고등학교 3학년)

세월호에 보낼 선물

슬픔의 바다는 오늘도 조용하다
낮말을 듣는다던 바다 위의 새들은
부리를 꾹 다문 채로 저멀리 날아갔다.

그들은 어째서 저 하늘의 별이 됐나
세월의 파도속에 휩쓸려간 슬픔은
눈물의 노란 등불을 하나둘 꺼뜨린다.

그들에게 줄 수 있는 유일한 선물은
등불을 다시 밝혀 어둠을 비추는 것
슬픔도 괴로운 바다도 잠잠해질 때까지.

❏ 32회(2017년) 중등부 장원

➟ 한수민(우송중학교 2학년)

편지

말로는 못전한 맘 종이속 고이 담아
설레는 나의 마음 그에게 전해야지
밤 새워 정성을 담아 써내려간 나의 마음.

정성 담아 쓴 진실을 봉투에 고이 담아
그대에게 찾아가서 내 마음 건네 주네
손과 손 사이에 담겨 사랑이 전해지네

아침에 그를 보니 웃음꽃이 활짝 폈네
내 마음 그의 마음 두근두근 쿵쾅쿵쾅
서로를 바라보면서 나긋이 손을 잡네.

❏ 32회(2017년) 초등부 장원

➟ 백은재(대전홍룡초등학교4학년)

일기장의 변신

거울처럼 비춰주는
일기장은 악마다.

내가 잘못해도
모두모두 비추니깐

촤르륵! 일기 검사 때
내 얼굴은 화끈화끈.

거울처럼 비춰주는
일기장은 천사다.

내가 잘한 것들
아낌없이 비추니깐.

착착착! 이번 검사 땐
내 얼굴은 뿌듯뿌듯.

허공을 울린 소리

제33회 전국한밭시조백일장 수상작품집

발행일 / 2018년 11월 23일
엮은이 / 대전시조시인협회(회장 유준호)
E-mail : cnernsso@hanmail.net

발행처 / 오늘의문학사
대전광역시 동구 대전로867번길 52, 한밭오피스텔 401호
Tel(042)624-2980 Fax(042)628-2983
E-mail : hs2980@hanmail.net
등록 / 제55호(1993년 6월 23일)

ISBN 978-89-5669-958-5
값 12,000원

이 도서의 국립중앙도서관 출판예정도서목록(CIP)은 서지정보유통지원시스템 홈페이지(http://seoji.nl.go.kr)와 국가자료종합목록시스템(http://www.nl.go.kr/kolisnet)에서 이용하실 수 있습니다. (CIP제어번호 : CIP2018035989)

* 이 책은 2018년도 대전광역시 지방보조금으로 제작되었습니다.